Bänder & Bordüren

BÄNDER & BORDÜREN

Sticken ist ein schönes Hobby. Es entspannt und gibt kreative Impulse.
Gute Anleitungsbücher gehören dazu.

Seit mehr als 30 Jahren steht Christophorus für praxisbezogene
Literatur zur Freizeitgestaltung. Genauso wie dieser Band ist jeder Titel
aus dem Christophorus-Verlag mit viel Sorgfalt erarbeitet.
Das erklärt, warum unsere Bücher jährlich so vielen zufriedenen Lesern
Freude bringen.

HEIDRUN HEINRICH

BÄNDER & BORDÜREN

in Kreuzstich

Inhalt

Vorwort

Bestickte Bänder und Bordüren verzieren nicht nur Gegenstände des täglichen Gebrauchs. Sie eignen sich darüber hinaus auch in vielfältiger Weise als Accessoires und dekorative Geschenkideen.

In diesem Buch werden Ihnen zahlreiche Kreuzstich-Muster für verschiedene Themenkreise vorgestellt. Traditionelle und moderne Motive und Rapporte bieten für jeden Geschmack das richtige. Kombinieren Sie Muster und Band (oder Bordüre) ganz nach Ihrem Wunsch oder dem Verwendungszweck.
Schnell gestickt sind fast alle Stick-Designs. Und so kann schon an einem Abend die Stickerei fertiggestellt werden.

Alle abgebildeten Bänder sind in ihrer Beschaffenheit detailliert beschrieben. Das erleichtert Ihnen die Auswahl, wenn Sie ein anderes als das vorgestellte Band kaufen möchten.
Stickanleitung und Hinweise zur Pflege garantieren, daß Ihre Stickerei sicher gelingt und Sie daran lange Freude haben.

Stickanleitung

Sticken Sie immer zuerst die Kreuzstichmotive. Danach werden die Formen, wie angegeben, mit Rückstich umrandet. Sie werden dadurch plastisch hervorgehoben und farblich vom Grundstoff abgesetzt. Deshalb kommen auch Stickgarnfarben, die nur etwas heller oder dunkler als der Grundstoff sind, deutlich zur Geltung, und Sie können die Stickmotive problemlos auch auf andere Stoffarben umsetzen.

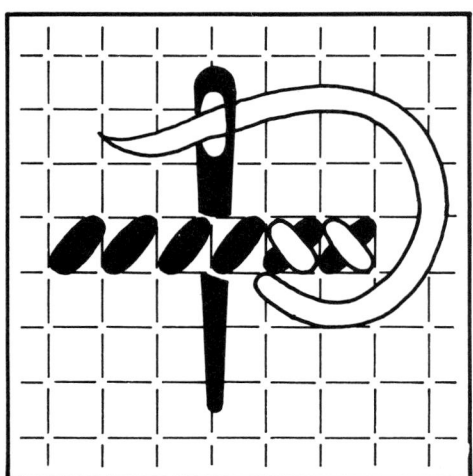

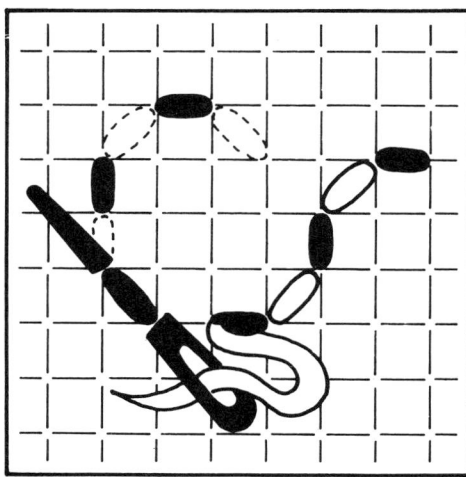

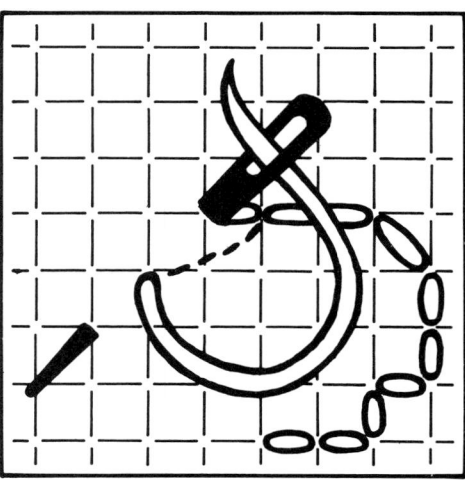

KREUZSTICH

Der Kreuzstich gehört zu den flächenfüllenden Stichen. Zuerst die Grundstiche sticken und darüber die Deckstiche. Sie müssen alle in gleicher Richtung liegen. Ein Kästchen der Zählvorlage ist immer ein Kreuzstich.

HOLBEINSTICH

Der Holbeinstich ist ein Konturstich. Zuerst jeden zweiten Stich sticken und bei der Rückreihe die Lücken füllen. Er eignet sich besonders für Bänder, da er auf der Rückseite gleich aussieht.

RÜCKSTICH

Der Rückstich wird ebenfalls zum Nachsticken von Linien und Konturen eingesetzt. Er wird von rechts nach links gearbeitet und geht auf der Rückseite über zwei Stiche.

KAUF DER BÄNDER

Berücksichtigen Sie beim Kauf der Bänder, daß ungefähr 3 cm Saumzugabe zur Bandlänge dazugerechnet werden muß. Für Tütenecken beträgt die Zugabe für beide Kanten ca. 4 bis 6 cm.

NADELN

Für gezählte Stickereien verwenden Sie immer eine stumpfe Sticknadel, also eine Nadel ohne Spitze. Dafür eignet sich die Sticknadel Nr. 24.

STICKGARN

Feine Kreuzsticharbeiten auf Bändern werden mit 1-fädigem Baumwollgarn ausgeführt, z.B. mit „Nordin" von Coats MEZ oder mit „Fil Fleur" von DMC.
Geeignet ist aber auch zweifädiger, mercerisierter Sticktwist, besonders wenn die Stickerei mehr Glanz erhalten soll.
Beachten Sie dabei, vom 6-fädigen Sticktwist zwei Fäden abzuspalten.

STICKEN NACH DER ZÄHLVORLAGE

Jedes Symbol steht für einen Kreuzstich. Bei größeren Motiven beginnen Sie mit dem Sticken am besten in der Mitte. Markieren Sie die Mitte mit einem Faden, und achten Sie darauf, daß der Abstand zwischen den Bandrändern und der Stickerei gleichmäßig ist.

TÜTENECKEN

Die Schnittkante zuerst versäubern, dann das Band rechts auf rechts der Länge nach zur Hälfte falten. Laut Skizze eine gerade Naht steppen und dabei die Nahtenden sichern. Die Nahtzugabe beträgt ca. 8 mm.
Die Nahtzugabe auseinanderstreichen und an der Spitze eine kleine Tüte legen, nicht abschneiden. Nun die Ecke wenden, dabei die Nahtzugabe mit den Fingerspitzen festhalten. Die Spitze mit der Sticknadel herausziehen.

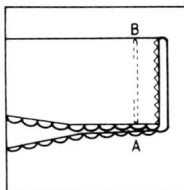 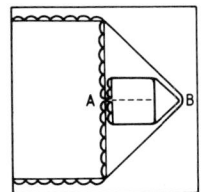

HOHLSAUMRAND

Die Kanten des Gewebes werden mit Zickzackstich versäubert. Ca. 1,5 bis 2,5 cm von den Schnittkanten entfernt einen Faden waagerecht herausziehen. Vom Rand entfernt den Stoff ca. 5 bis 8 mm ein- und anschließend umschlagen. Bei den Hohlsaumstichen werden jeweils zwei Fäden gebündelt, wobei Sie die Nadel auf der Rückseite des Gewebes immer senkrecht zur Kante durchstechen.

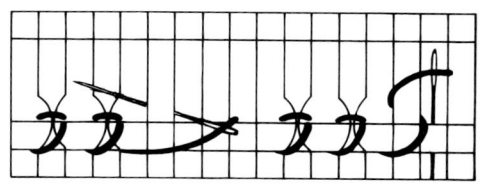

Hohlnahtstich

PFLEGEHINWEISE

Je nach Verwendungszweck kann es notwendig sein, daß Sie Ihre Stickerei waschen müssen.

Gesticktes sollte sorgfältig behandelt werden, darum einige Tips zur Pflege:
Wenn Sie die Stickerei nicht von Hand waschen möchten, was zweifellos das schonendste ist, sollten Sie diese kostbare Handarbeit in ein Säckchen oder einen Kissenbezug stecken, um sie vor unnötiger Beanspruchung zu schützen.

Aus diesem Grund dürfen Stickereien grundsätzlich nicht geschleudert werden und gehören keinesfalls in den Trockner, da durch das Ziehen und Herumwirbeln die Gewebestruktur gelockert wird.

Wenn Sie die Bänder auf andere Gewebe aufnähen, müssen Sie das unterschiedliche Einlaufen bei der Wäsche berücksichtigen. Also am besten beides vorher waschen.

Die Bänder aus dem naturbelassenen Flachsgarn behalten den Leinenton länger, wenn Sie diese nur bei 30° C waschen und das Waschmittel keinerlei Bleichzusätze und optische Aufheller enthält.

Stickereien grundsätzlich nur auf der Rückseite mit einem darübergelegten, feuchten Tuch bügeln. Ihre gestickten Werke werden so auf Dauer ihre Haltbarkeit und reizvolle Optik behalten.

Wasch- und Bügeltemperaturen richten sich immer nach dem schwächsten Glied. Wenn Sie z. B. Gold- und Silbergarne versticken, dürfen Sie mit maximal 30°C waschen und bei geringer Temperatur bügeln, auch wenn beim Gewebe 95°C und für das Bügeln „drei Punkte" angegeben sind. Achten Sie also grundsätzlich auch auf die Pflegevorschriften der Stickgarnhersteller.

Zweigart Gewebearten ∿∿∿

ZWEIGART-STICKBÄNDER sind Handarbeitszählstoffe mit befestigten Rändern. Sie haben genau wie alle Zählstoffe eine regelmäßige Gewebestruktur. Sie sind „quadratisch" gewebt, das heißt Längs- und Querfadensystem haben die gleiche Anzahl Gewebefäden auf den Zentimeter, damit die Kreuzstiche gleichmäßig und quadratisch werden.

Man unterscheidet zwei Grundarten: Glatte Stickbänder und AIDA-Stickbänder. Bei den glatten werden die Kreuzstiche meist über zwei Gewebefäden gestickt. Sie können aber auch über drei Fäden mit entsprechend großen Stichen sticken, das geht natürlich schneller. Bei den AIDA-Kreuzstichbändern ist die Stichgröße durch eine spezielle Bindungstechnik der Gewebefäden vorgegeben. Klare Stichquadrate machen das Auszählen von Einzelfäden überflüssig und sind dadurch besonders gut zu sticken, obwohl die Kreuzstiche kleiner und die Muster filigraner werden als bei den glatten Bändern.
Beide Arten gibt es in mehreren Breiten und mit verschiedenen Randbefestigungen. Farbige Schmuckkanten erweitern auf attraktive Weise kleine Stickmuster, ganz glatte Abschlüsse lassen allein die Stickerei wirkungsvoll hervortreten.

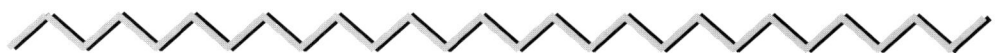

AIDA-KREUZSTICHBÄNDER

ca. 60 Stiche = 10 cm Länge
Material: 100% Baumwolle
Waschen: 60°C
Bügeln: •••

AIDA-KREUZSTICHBÄNDER sind aus hochwertigem Baumwollzwirn hergestellt. Jeweils drei dünne Fäden sind durch die Webtechnik zu Gruppen zusammengefaßt und ergeben einen Stich. Kleine Löcher im Gewebe kennzeichnen deutlich die Ein- und Ausstichstellen.

Die größte Vielfalt gibt es bei AIDA-Bändern mit den Bogenrändern. Sie sind einfarbig oder weiß mit farbigen Kanten:

7002: Bortenbreite ca. 2,5 cm = 10 Stiche
7107: Bortenbreite ca. 5 cm = 26 Stiche
7008: Bortenbreite ca. 8 cm = 42 Stiche
7195: Bortenbreite ca. 10 cm = 54 Stiche

AIDA-Band mit einseitiger, breiter Schmuckkante
7229: Bortenbreite ca. 13 cm
     Stickbreite ca. 10 cm = 67 Stiche

AIDA-Band mit beidseitiger, breiter Schmuckkante
7230: Bortenbreite ca. 14 cm
     Stickbreite ca. 10 cm = 65 Stiche

REINLEINEN-STICKBÄNDER

Material: 100% Leinen
Waschen: weiß 95°C
     farbig 60°C
     natur 30°C
Bügeln: •••

REINLEINEN-STICKBÄNDER sind in glatter Gewebebindung ausgeführt. Es gibt sie in mehreren Fadendichten. Die angegebenen Stichzahlen gelten, wenn Sie den Kreuzstich über zwei Gewebefäden arbeiten. Unterschiedliche Randabschlüsse stehen zur Auswahl. Auch bei Bändern mit glatten Kanten ist die Stickbreite etwas schmaler als die Gesamtbreite, da die Randfäden enger zusammenliegen, als es der Fadendichte entspricht.

Besonders edel und hochwertig sind die dichtgewebten Bänder aus vierfach gezwirntem Langflachsgarn:

Ca. 116 Fäden = 10 cm Länge
7005: Breite ca. 5 cm mit glatten Kanten
     Stickbreite ca. 4,5 cm = 52 Fäden = 26 Stiche
7009: Breite ca. 9 cm mit glatten Kanten
     Stickbreite ca. 8,5 cm = 96 Fäden = 48 Stiche
7271: Breite ca. 5,5 cm mit Bogenkanten
     Stickbreite ca. 4,5 cm = 54 Fäden = 27 Stiche

Eine spezielle Ausführung ist das lose gewebte, transparente Leinenband im Siebleinencharakter. Es besteht aus vierfachem, glatten Zwirn:

Ca. 83 Fäden = 10 cm Länge
7283: Breite ca. 6,5 cm mit glatten Kanten
     Stickbreite ca. 6 cm = 50 Fäden = 25 Stiche

Breite Schmuckränder, einfarbig oder bunt, erweitern die bei diesen Leinenbändern bestickbare Breite. Sie sind dicht und glatt gewebt:

Ca. 95 Fäden = 10 cm Länge
7272: Breite ca. 8 cm
     Stickbreite ca. 5,5 cm = 50 Fäden = 25 Stiche
7273: Breite ca. 12 cm
     Stickbreite ca. 9 cm = 82 Fäden = 41 Stiche

Schmale Bogenkanten begrenzen die einfarbigen, klassischen Reinleinenstickbänder:

Ca. 95 Fäden = 10 cm Länge
7311: Breite ca. 6 cm
     Stickbreite ca. 5 cm = 46 Fäden = 23 Stiche
7312: Breite ca. 8,5 cm
     Stickbreite ca. 7,5 cm = 70 Fäden = 35 Stiche

Türschilder

BAD

Reinleinen-Stickband 7272/36 natur-grün

Bandzuschnitt: ca. 25 cm
Bildgröße (Innenmaße): ca. 16 x 16 cm
Motivgröße: ca. 9,8 x 3,2 cm

STICKTWIST, 2-fädig

1 KÄSTCHEN =
2 x 2 GEWEBEFÄDEN

STICKGARNFARBE
resedagrün

WEITERES MATERIAL
Dunkelgrüner Bilderrahmen, 18 x 18 cm (Außenmaße), beiges Japanpapier im selben Format zum Unterlegen

HÜSLI

Reinleinen-Stickband 7272/32 natur-gelb

Bandzuschnitt: ca. 25 cm
Bildgröße (Innenmaße): ca. 16 x 16 cm
Motivgröße: ca. 9 x 3,2 cm

BAUMWOLLGARN, 1-fädig

1 KÄSTCHEN =
2 x 2 GEWEBEFÄDEN

STICKGARNFARBEN
rostorange
goldgelb
sonnengelb
kanariengelb
zitronengelb

WEITERES MATERIAL
Hellockerfarbener Bilderrahmen, 18 x 18 cm (Außenmaße), ockerfarbenes Japanpapier im selben Format zum Unterlegen

HOBBYRAUM

Reinleinen-Stickband 7273/35 natur-blau

Bandzuschnitt: ca. 30 cm
Bildgröße (Innenmaße): ca. 18 x 18 cm
Motivgröße: ca. 12 x 7,6 cm

STICKTWIST, 2-fädig

1 KÄSTCHEN =
2 x 2 GEWEBEFÄDEN

STICKGARNFARBEN
königsblau
himmelblau

WEITERES MATERIAL
Bilderrahmen in passender Farbe, 20 x 20 cm (Außenmaße), dunkelkönigsblaues Japanpapier im selben Format zum Unterlegen

Zählvorlagen Alphabet auf Seite 60 und 61
Zwischen den Buchstaben vier Gewebefäden frei lassen.

13

Dorfidylle

WINDMÜHLE

Abb. Seite 17

AIDA-Kreuzstichband 7008/1 weiß

Bandzuschnitt/Fertiggröße:
je nach Verwendungszweck

Motivgröße: ca. 12,4 x 5,4 cm

BAUMWOLLGARN, 1-fädig

▼ dunkelrot
S kirschrot
O aprikot
I graublau, hell
X grasgrün

● dunkelgrün
✚ dunkelbraun
•• kaffeebraun
= rindenbraun
V steingrau

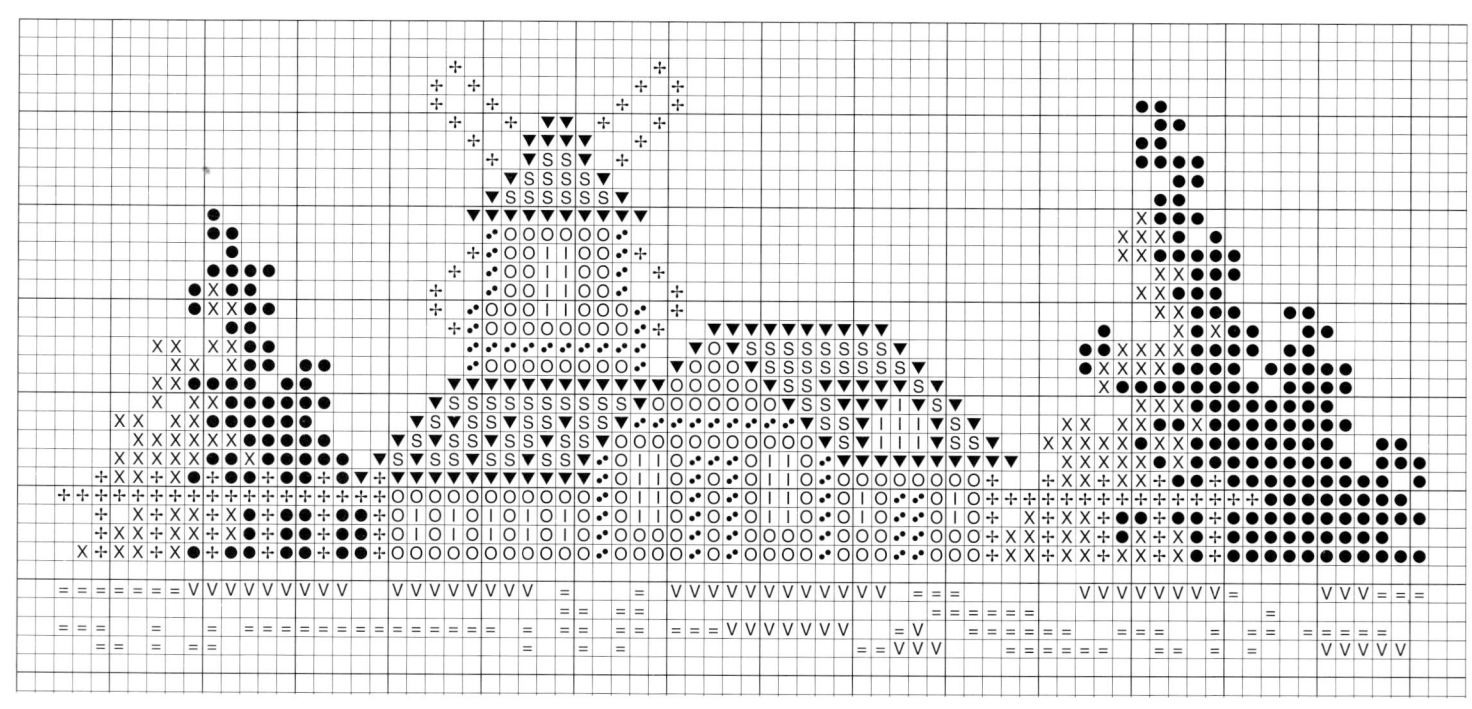

LAMPENSCHIRM MIT HÄUSCHEN

Abb. Seite 17
AIDA-Kreuzstichband 7107/3 creme

Bandzuschnitt/Fertiggröße: 65 cm

STICKTWIST, 2-fädig

WEITERES MATERIAL

Lampenschirmgestell: Höhe 20 cm, äußerer Durchmesser oben 11 cm, äußerer Durchmesser unten 20 cm, ca. 70 x 25 cm dezent gemusterter Patchworkstoff aus Baumwolle von smyrnafix, Kordel und Nähgarn in passender Farbe, 70 cm weißes, 1 cm breites Baumwollband, 0,5 cm breites Gummiband

AUSARBEITUNG

Die Stickmotive in beliebiger Reihenfolge und mit unterschiedlichem Abstand auf dem Band anordnen. Als Verbindungselemente Gräser im Rückstich „einstreuen". Das Band an der Schmalkante dem Lampenschirmgestellumfang entsprechend zusammennähen. Den Baumwollstoff fadengerade zuschneiden. An der Breitseite knapp 1 cm breit absteppen und beide Nahtzugaben miteinander versäubern. Die obere Stoffkante 0,5 cm ein-, dann 1 cm umschlagen und knappkantig absteppen; eine kleine Öffnung lassen. An der unteren Stoffkante genauso verfahren. 5 cm von der oberen Saumkante entfernt an der Innenseite das Baumwollband aufsteppen und das Gummiband einziehen. Das Gummi entsprechend der schmalsten Stelle des Gestells zusammennähen. Durch den oberen und unteren Nahthohlraum jeweils einen stärkeren Baumwollfaden ziehen. Den Bezug auf das Lampenschirmgestell stülpen. Mit dem Faden die obere und untere Weite regulieren; die Fadenenden zusammenbinden. Die Nahtstellen am Gummizug mit einer Kordel kaschieren.
Das bestickte Band ca. 1,5 bis 2 cm vom unteren Gestellrand entfernt aufsetzen, evtl. mit kleinen, unsichtbaren Stichen von Hand befestigen.

Zählvorlagen auf Seite 16

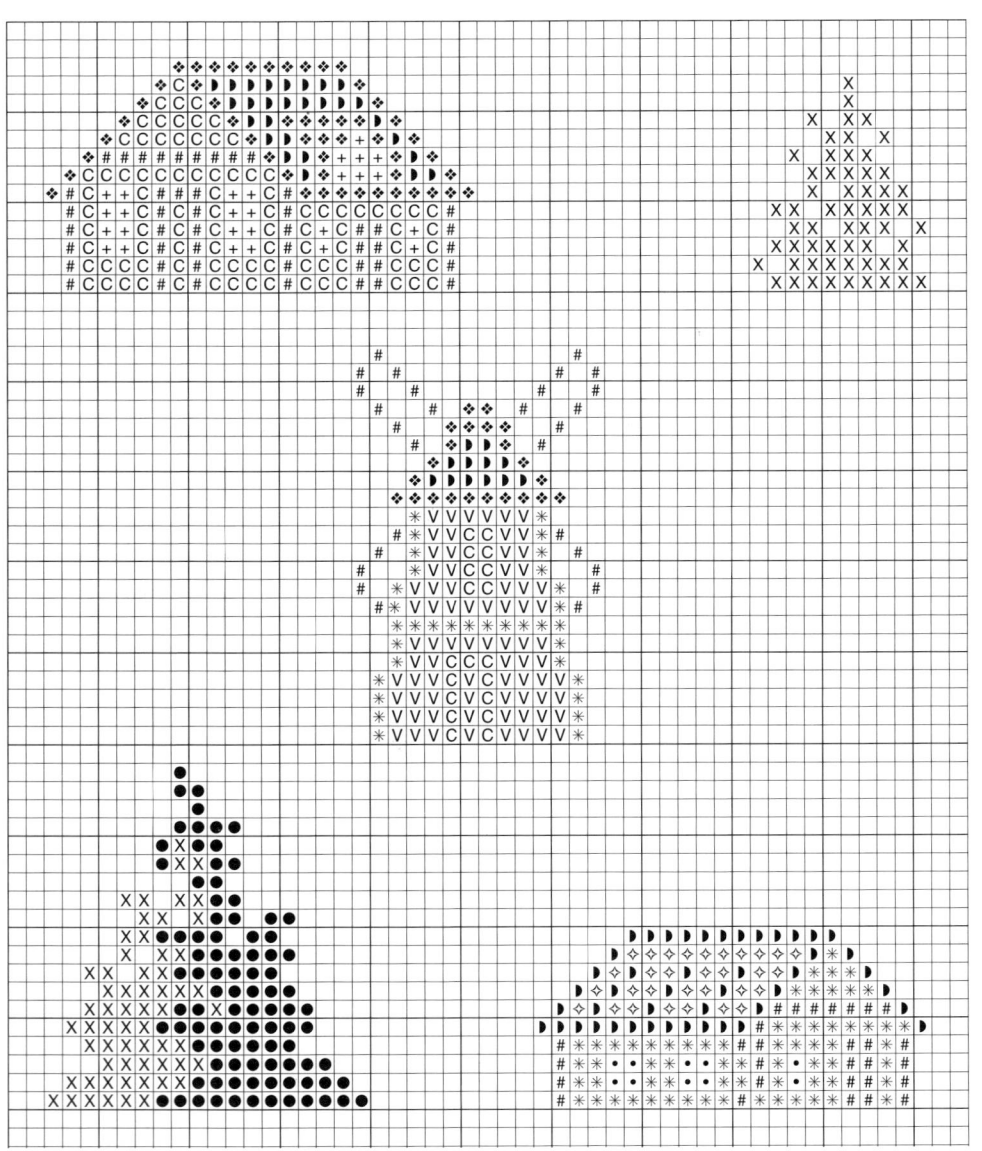

GROSSES HAUS
Motivgröße: ca. 4 x 2 cm

❖ purpurrot
◗ himbeerrot, dunkel
schoko
+ graugrün, hell
C blaugrau, mittel

KLEINE WINDMÜHLE
Motivgröße: ca. 3,4 x 2,4 cm

❖ purpurrot
◗ himbeerrot, dunkel
✳ nougat
schoko
V steingrau
C blaugrau, mittel

GROSSE TANNE
Motivgröße: ca. 3 x 3 cm

X grasgrün
● dunkelgrün

KLEINE TANNE
Motivgröße: ca. 1,8 x 2 cm

X   grasgrün

KLEINES HAUS
Motivgröße: ca. 3,8 x 2,6 cm

▸   himbeerrot, dunkel
✧   orangerot
✳   rosenholz
schoko
·   salbei

Zählvorlage Große
Windmühle auf
Seite 14

17

Folklore

KISSEN

AIDA-Kreuzstichband 7107/3 creme

Bandzuschnitt: 170 cm
Fertiggröße (Außenumrandung):
40 x 40 cm
Motivgröße: ca. 14,8 x 1,8 cm je Seite

BAUMWOLLGARN, 1-fädig

WEITERES MATERIAL

Ca. 45 x 85 cm dunkelgrünes Schülertuch LINDA Art. 1235, Kissenfüllung, beiges und dunkelgrünes Nähgarn

AUSARBEITUNG

Auf dem Band drei Ecken wie in der Abbildung markieren; in der vierten Ecke wird das Band zum Viereck geschlossen. Jede Seite muß exakt gleich lang sein. Die Ecken heften und danach absteppen. Beide Nahtzugaben in ca. 0,8 cm Breite miteinander versäubern und den überstehenden Stoff je Ecke abschneiden. Die Nahtzugabe jeweils nach einer Seite umbügeln. Die Mitte jeder Bandseite markieren und an dieser Stelle die Stickerei mit der Blütenmitte in Korallenrot beginnen. Nach jeder Seite zwei Mustersätze arbeiten und die Blüten jeweils vervollständigen.
Den grünen Stoff zur Hälfte falten (Stoffbruch oben), die Seitennähte schließen und versäubern. An der unteren Kante eine ca. 20 bis 25 cm breite Öffnung lassen. Das „Bandviereck" exakt auf die vordere Kissenplatte aufsetzen, so daß nur der äußere Bogenrand über der Kissenkante steht. Ringsum mit Hexenstichen unsichtbar festnähen. Die Kissenfüllung einschieben und die Öffnung mit kleinen Stichen von Hand zunähen.

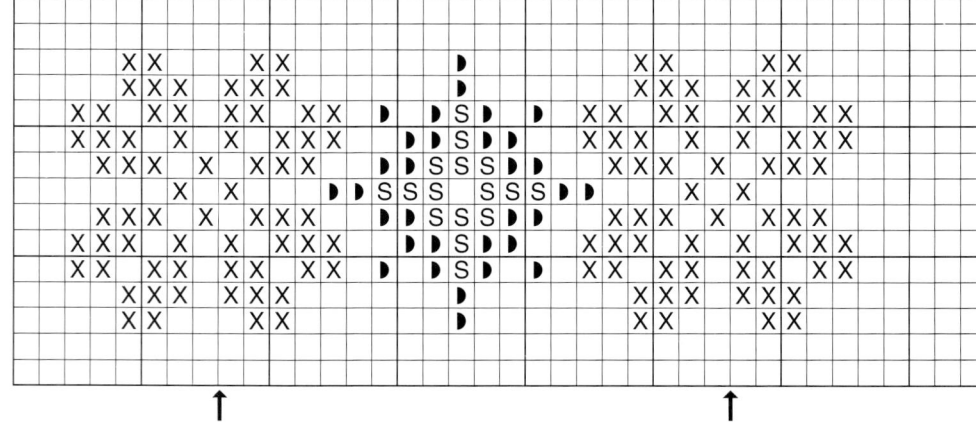

X korallenrot
▶ kaffeebraun, dunkel
S giftgrün

PICKNICKKORB

Abb. Titelbild

Reinleinen-Stickband 7273/53 natur

Bandzuschnitt/Fertiggröße:
ca. 125 cm
Mustersatz: ca. 6,6 x 7,5 cm

BAUMWOLLGARN, 1-fädig

1 KÄSTCHEN =
2 x 2 GEWEBEFÄDEN

WEITERES MATERIAL

Naturfarbenes Nähgarn, großer Korb

O gelborange
X orange
▼ lila, dunkel

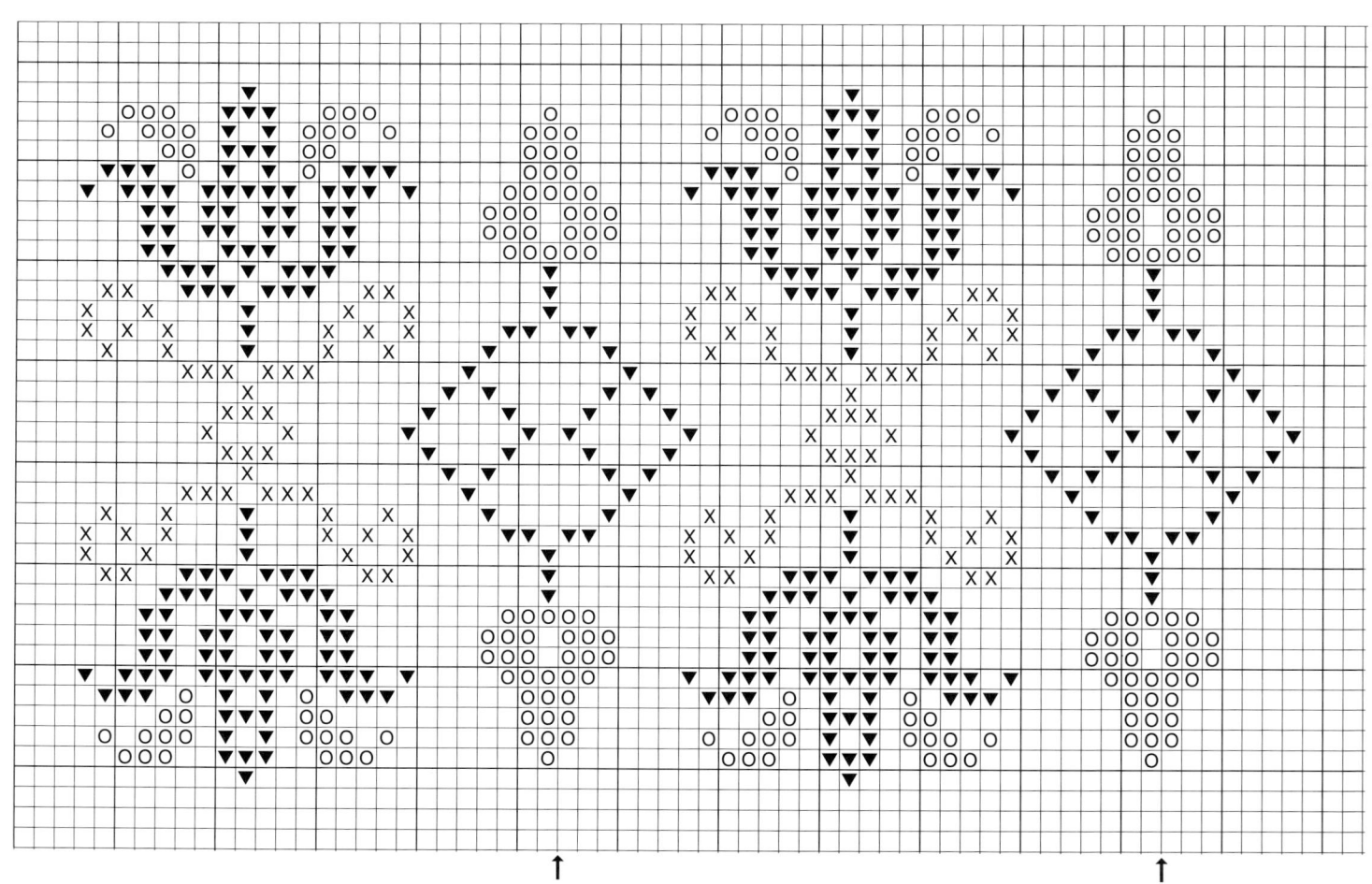

Ranken

SCHLUMMERROLLE

Abb. Seite 23

AIDA-Kreuzstichband 7230/1 weiß

Bandzuschnitt: 50 cm
Fertiggröße der Schlummerrolle:
ca. 80 cm lang, 15 cm Durchmesser
Stickereigröße: ca. 5,7 x 47 cm

BAUMWOLLGARN, 1-fädig

WEITERES MATERIAL

Ca. 50 x 175 cm himmelblauer SATIN ROYAL Art. 3211, Nackenrolle: 40 cm breit, 15 cm Durchmesser, weißes und himmelblaues Nähgarn

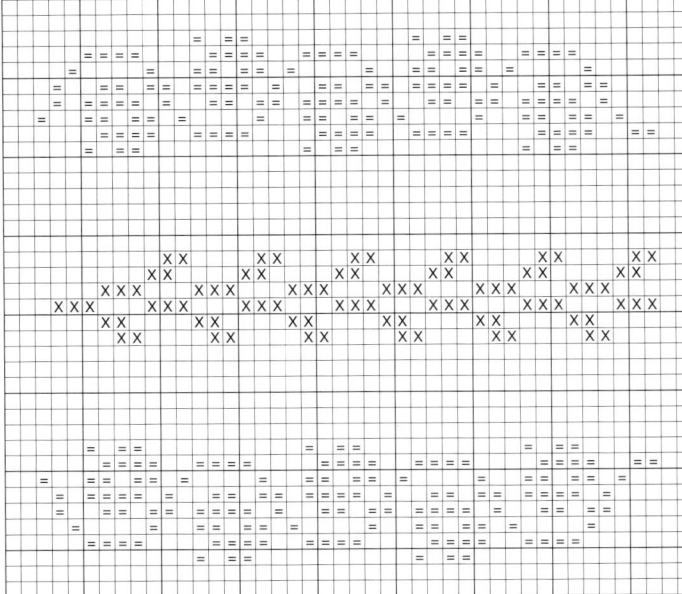

AUSARBEITUNG

Den Stoff für den Bezug der Schlummerrolle fadengerade 50 x 114 cm zuschneiden, für zwei Verschlußbänder 3,5 x 60 cm (zweimal). Den Bezugstoff rechts auf rechts falten und die Längsseite mit 1 cm Nahtzugabe steppen. Die Nahtzugabe versäubern. Den Stoff wenden, an den Seitenkanten jeweils 14 cm nach innen umschlagen und knappkantig feststeppen. Die Bänder längs rechts auf rechts falten und an Längs- und Schmalseite mit 0,5 cm Nahtzugabe steppen. Die zweite Schmalseite zum

X blaugrün, dunkel
= himmelblau

Wenden offen lassen, danach von Hand zunähen.

Die Nackenrolle in den Bezug schieben und an den seitlichen Nähten zubinden. Das bestickte Band dem Rollenumfang gemäß zusammensteppen, aufschieben und in der Mitte der Nackenrolle plazieren.

BLÜTENRANKE

Abb. Seite 23

Reinleinen-Stickband 7283/1 weiß

Bandzuschnitt/Fertiggröße:
je nach Verwendungszweck
Mustersatz: ca. 14,6 x 4,2 cm

BAUMWOLLGARN, 1-fädig

1 KÄSTCHEN =
2 x 2 GEWEBEFÄDEN

WEITERES MATERIAL

Weißes Nähgarn für die Tütenecken (siehe Seite 7)

Zählvorlage auf Seite 22

BÄUMCHENRANKE

Reinleinen-Stickband 7272/11 weiß

Bandzuschnitt/Fertiggröße:
je nach Verwendungszweck
Mustersatz: ca. 5,3 x 4 cm

BAUMWOLLGARN, 1-fädig

1 KÄSTCHEN =
2 x 2 GEWEBEFÄDEN

WEITERES MATERIAL

Weißes Vierfach-Stickgarn 20 für den
Hohlsaum (siehe Seite 8)

BLÄTTERRANKE

AIDA-Kreuzstichband 7107/16 weiß-hellgrün

Bandzuschnitt/Fertiggröße:
je nach Verwendungszweck
Mustersatz: ca. 3,8 x 2,2 cm

BAUMWOLLGARN, 1-fädig

Zählvorlage Schlummerrolle
auf Seite 21

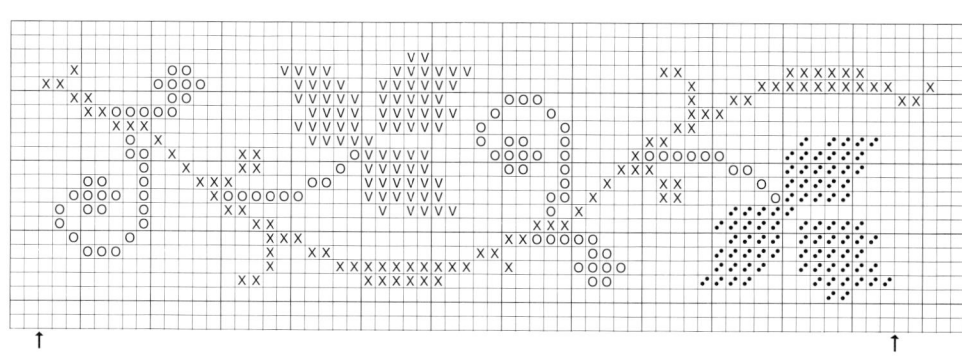

X blaugrün, dunkel
O knospengrün
V erika, hell
•● pink, dunkel

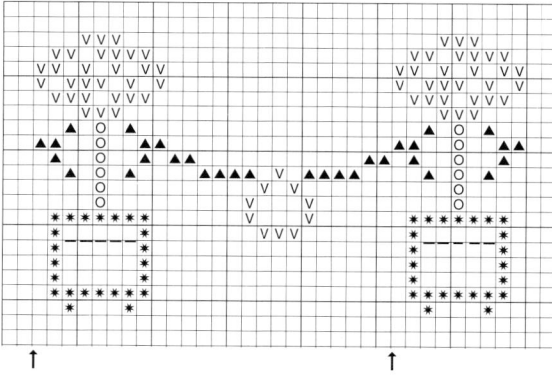

✳ kaffeebraun
O knospengrün
V erika, hell
▲ zyklam

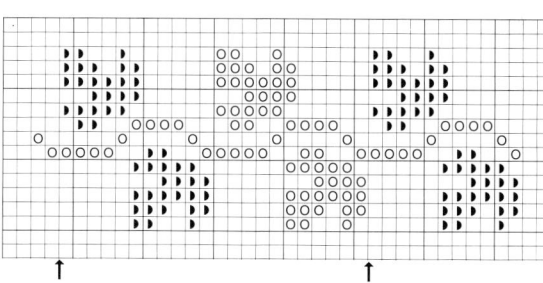

◗ dunkelgrün
O knospengrün

22

Für das Kinderzimmer

MESSLATTE
Reinleinen-Stickband 7273/39
natur-rot

Bandzuschnitt: 110 cm
Fertiggröße: 12 x 102 cm

BAUMWOLLGARN, 1-fädig

1 KÄSTCHEN =
2 x 2 GEWEBEFÄDEN

WEITERES MATERIAL
Für die Hohlsäume an den Schmalkanten naturfarbenes Vierfach-Stickgarn 20 (siehe Seite 8)

VATER TEDDY
Motivgröße: ca. 5,6 x 7 cm

● kaffeebraun, dunkel
V nougat
+ puder
✦ espresso
•• mittelblau
apfelgrün
Konturen Arme:
kaffeebraun, dunkel
Konturen Tatzen: puder
Nase, Mund: espresso
Untere Kopfbegrenzung:
espresso
Halbe Kreuzstiche Hosenträger:
apfelgrün

MUTTER TEDDY
Motivgröße: ca. 4,8 x 6 cm

▼ kaffeebraun
V nougat
+ puder
✦ espresso
S phosphorgrün
= hummer
Konturen Arme:
kaffeebraun
Konturen Tatzen:
puder
Nase, Mund: espresso
Halbe Kreuzstiche Schürzenrüsche:
hummer
Schürzenband: phosphorgrün

Zählvorlagen Zahlen auf Seite 61

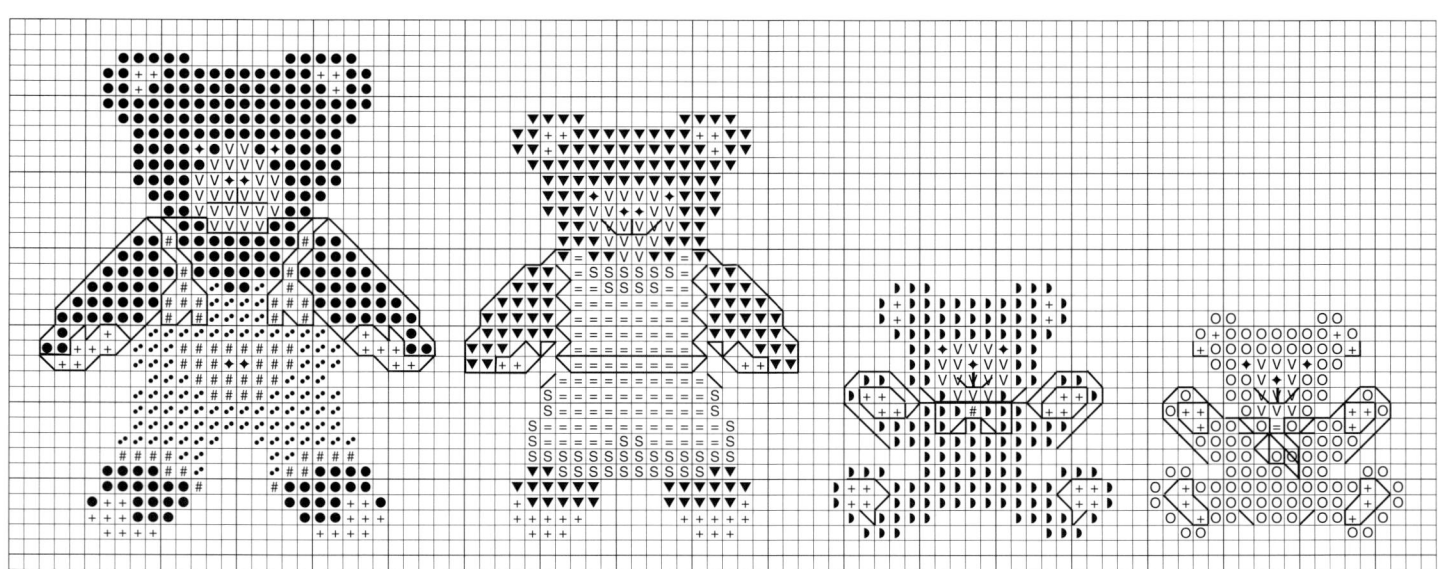

24

KIND TEDDY
Motivgröße: ca. 4,2 x 3,6 cm

▶ rehbraun
V nougat
+ puder
✦ espresso
apfelgrün
Konturen Arme:
rehbraun
Konturen Tatzen:
puder
Nase, Mund: espresso
Fliege: apfelgrün

BABY TEDDY
Motivgröße: ca. 3,6 x 3,2 cm

O rosenholz
V nougat
+ puder
✦ espresso
= hummer
Konturen Arme:
rosenholz
Konturen Tatzen:
puder
Nase, Mund: espresso
Schleife: hummer

Zahlen und Maßeinteilung: rot

25

VOGEL

Reinleinen-Stickband 7272/35
natur-blau

Bandzuschnitt: 11 cm
Fertiggröße (Taschenbreite): 9 cm
Motivgröße: ca. 5,8 x 2,8 cm

BAUMWOLLGARN, 1-fädig

1 KÄSTCHEN =
2 x 2 GEWEBEFÄDEN

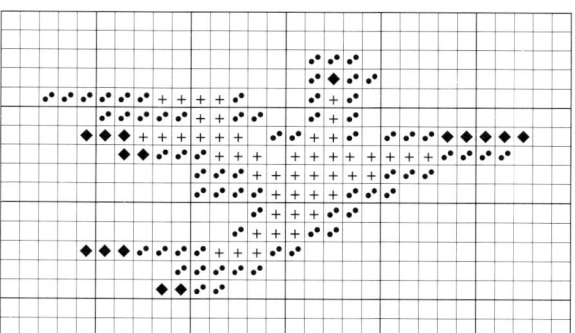

◆ schwarz
•⃰ azurblau
+ ecru

KATZE

Reinleinen-Stickband 7273/39
natur-rot

Bandzuschnitt: 17 cm
Fertiggröße (Taschenbreite): 15 cm
Motivgröße: ca. 6,8 x 6,8 cm

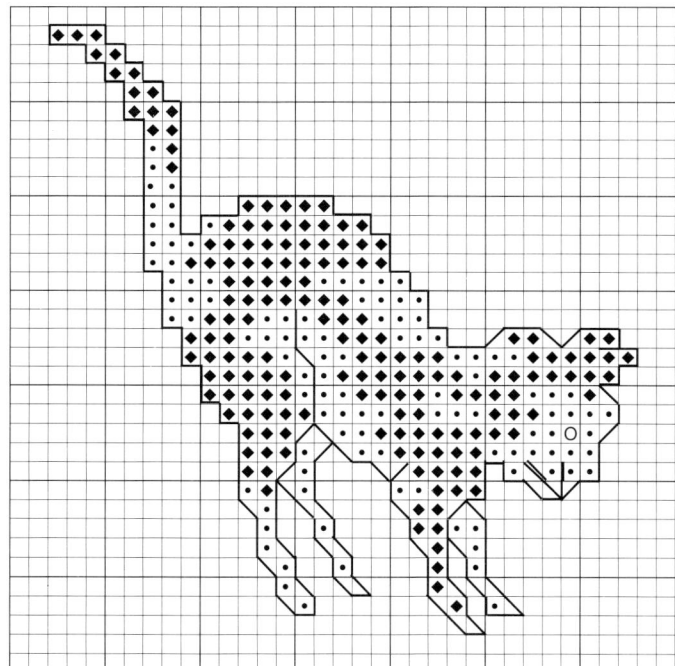

• weiß
◆ schwarz
O grasgrün (Auge)
Konturen und Schnurrbart der Katze:
schwarz

EULEN
Reinleinen-Stickband 7272/36
natur-grün

Bandzuschnitt: 12 cm
Fertiggröße (Taschenbreite): 10 cm
Motivgröße: ca. 7 x 5 cm

PINGUINE
Reinleinen-Stickband 7272/32
natur-gelb

Bandzuschnitt: 18 cm
Fertiggröße (Taschenbreite): 16 cm
Motivgröße: ca. 8,8 x 4,8 cm

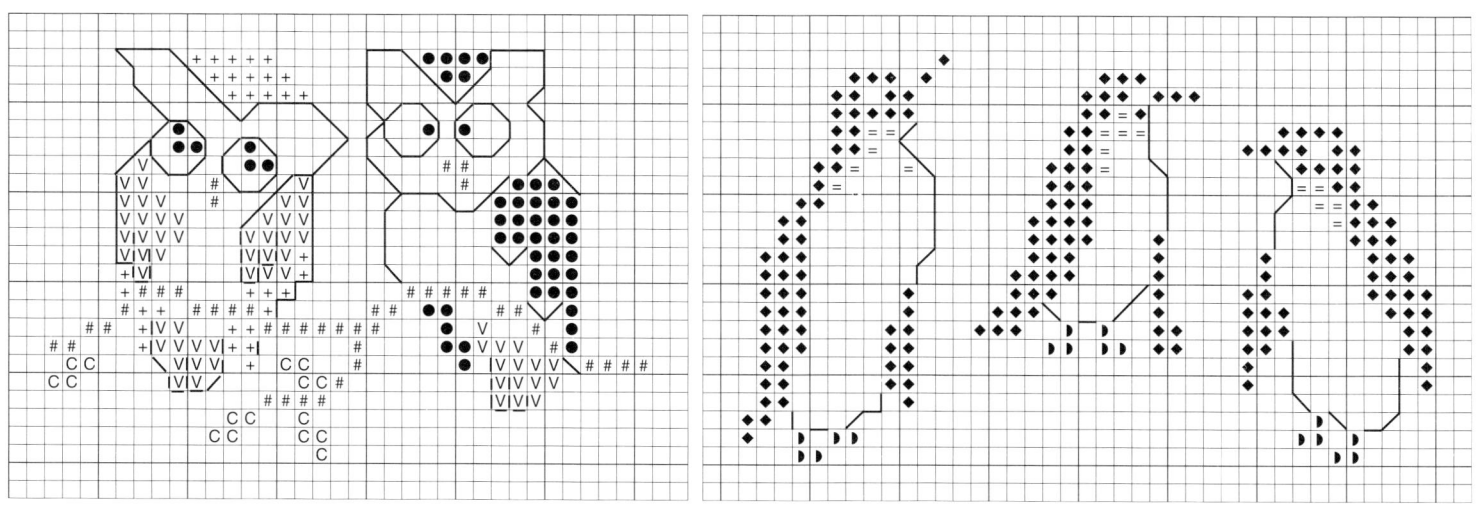

● umbra
V rindenbraun
+ ecru
# haselnuß
C kiwi
Linien und Konturen:
umbra

◆ schwarz
◗ schiefer
= kanariengelb
Linien:
schwarz

HUND

Reinleinen-Stickband 7273/39
natur-rot

Bandzuschnitt: 10 cm
Fertiggröße (Taschenbreite): 8 cm
Motivgröße: ca. 4,4 x 5,4 cm

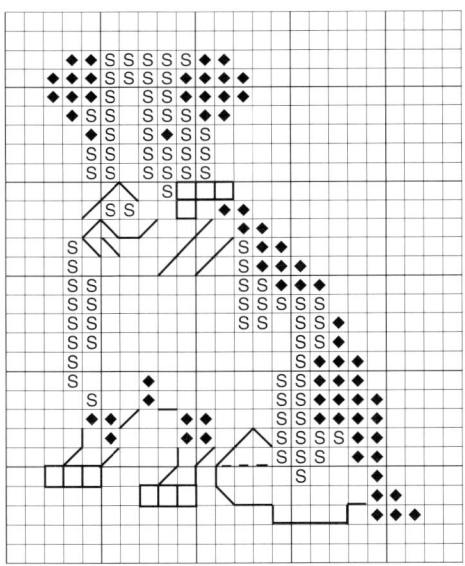

S kaffeebraun
◆ schwarz
Linien:
schwarz

WEITERES MATERIAL

Ca. 35 x 140 cm goldfarbener Strukturstoff ARIOSA Art. 3711 (Fertiggröße des Utensilos 30 x 50 cm), natur- und goldfarbenes Nähgarn

AUSARBEITUNG

Den Strukturstoff in der Größe 32 x 102 cm fadengerade zuschneiden und zur Hälfte falten (Stoffbruch oben). Jedes Täschchen an den Seitenkanten versäubern, 1 cm nach hinten umlegen und die Kante bügeln. Die Täschchen gemäß der Skizze auf Seite 59 auf die Vorderseite des Utensilos heften und knappkantig feststeppen. Bei den beiden unteren Täschchen werden die Außenkanten gleichzeitig in die verstürzte Seitennaht mit eingearbeitet. Die Stoffhälften rechts auf rechts legen und im Abstand von 1 cm zur Kante steppen. An der Schmalseite 10 bis 15 cm, an den Seitennähten evtl. 2,5 cm vom Stoffbruch entfernt zum Durchziehen eines Stabes offen lassen. Das Utensilo wenden und die untere Öffnung mit kleinen unsichtbaren Stichen von Hand schließen.

Zählvorlagen auf Seite 26, 27 und 28

Für die Küche

GARDINENBAND
AIDA-Kreuzstichband 7107/4 rosa

Bandzuschnitt/Fertiggröße: 40 cm
Motivgrößen:
Kaffeekanne: ca. 3,2 x 3,4 cm
Teekanne: ca. 3,6 x 2,2 cm
Krug: ca. 2,9 x 2,1 cm

BAUMWOLLGARN, 1-fädig

WEITERES MATERIAL
Knopf und Knopflochgarn in passender Farbe für die Verschlußschlinge

Zählvorlage Gardinenband
auf Seite 59

Zählvorlage Handschuh

- • altrosé, dunkel
- V mausgrau
- – hellgrau

HANDSCHUH
AIDA-Kreuzstichband 7107/171
weiß-silber

Bandzuschnitt/Fertiggröße: 30 cm
Motivgrößen:
Topf: ca. 3,6 x 2,1 cm
Pfanne: ca. 5 x 1,2 cm

BAUMWOLLGARN, 1-fädig

WEITERES MATERIAL
Silberner Topfhandschuh, weißes Nähgarn

Zählvorlage Kochbuch

- X erika
- C altrosé, mittel
- + perlrosa
- ▶ silbergrau

KOCHBUCH
Reinleinen-Stickband 7272/14
weiß-altrosa

Bandzuschnitt/Fertiggröße: 45 cm
Motivgröße: ca. 5,3 x 4 cm

BAUMWOLLGARN, 1-fädig

1 KÄSTCHEN =
2 x 2 GEWEBEFÄDEN

WEITERES MATERIAL
Kochbuch mit Leineneinband oder leeres Buch für eigene Rezepte (in passender Farbe), weißes Nähgarn

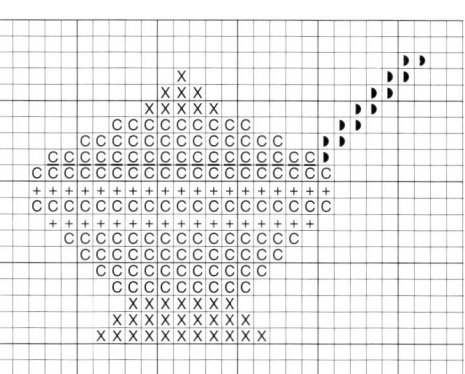

JUGENDSTIL-SERVIETTENBAND
Reinleinen-Stickband 7271/3 creme

Bandzuschnitt/Fertiggröße:
je nach Verwendungszweck
Mustersatz = ca. 5,6 x 3 cm

STICKTWIST, 2-fädig

1 KÄSTCHEN =
2 x 2 GEWEBEFÄDEN

WEITERES MATERIAL
Fliederfarbene Serviette aus SATIN ROYAL Art. 3211, ca. 50 x 50 cm, fliederfarbenes Nähgarn

O violett, hell
❭ lavendelblau
= blaugrün

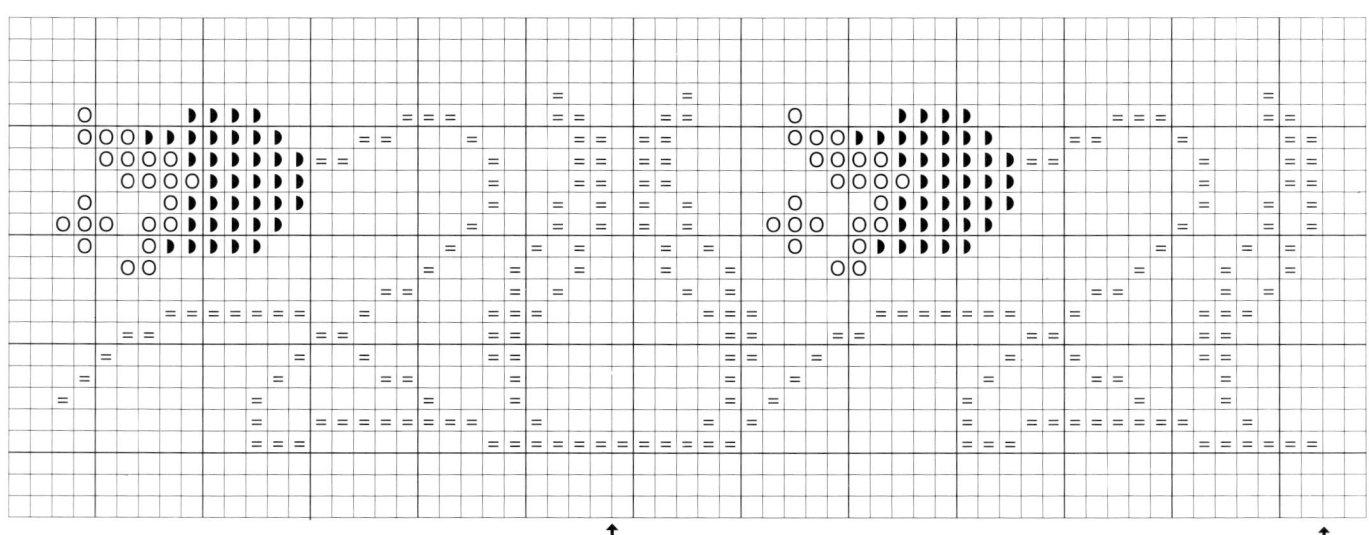

ORNAMENTE BLAU AUF WEISS
AIDA-Kreuzstichband 7249/1 weiß

Bandzuschnitt: Fertiggröße ca. 50 cm

BAUMWOLLGARN, 1-fädig

AUSARBEITUNG
An den Schmalkanten jeweils einen Hohlsaum von knapp 1 cm Breite mit Vierfach-Stickgarn 20 in Weiß ausführen (siehe Seite 8).

ORNAMENT OBEN
Mustersatz: ca. 4 x 4 cm je Ornament

= bleu, mittel
▼ kornblumenblau

ORNAMENT MITTE
Mustersatz: ca. 4,8 x 4,4 cm je Ornament

+ azurblau
◗ delftblau

ORNAMENT UNTEN
Mustersatz: ca. 4 x 4 cm je Ornament

•• vergißmeinnicht
▼ kornblumenblau

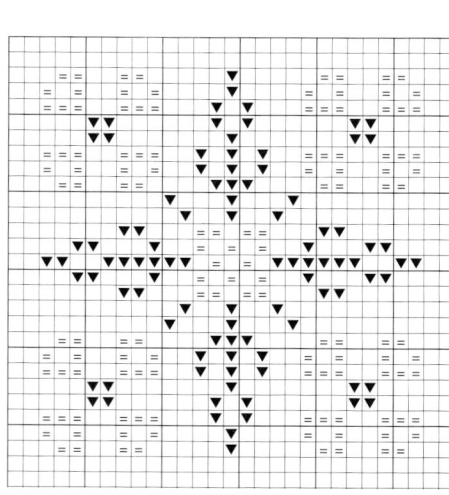

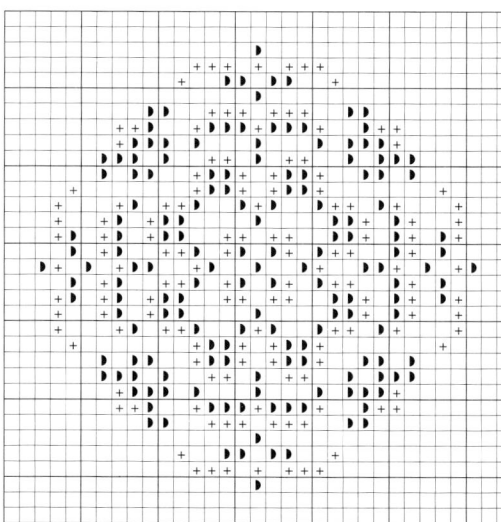

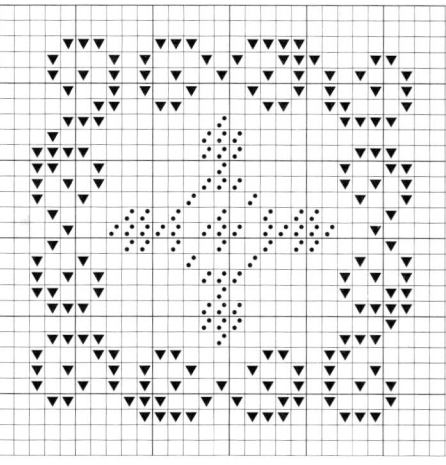

Kirschen

Reinleinen-Stickband 7273/19 weiß-rot

Bandzuschnitt: 20 cm
Fertiggröße: ca. 17,5 x 12 cm
Motivgröße: ca. 8,7 x 9,2 cm

Baumwollgarn, 1-fädig

1 KÄSTCHEN =
2 x 2 GEWEBEFÄDEN

Weiteres material

Rot-weiß gestreifte Trägerschürze, weißes Nähgarn

Ausarbeitung

Das Kirschenmotiv in die Mitte des Bandzuschnittes plazieren. Die Schmalkante ca. 1,2 cm nach hinten umschlagen und bügeln. Gemäß der Abbildung das Band auf den Schürzenlatz heften und mit der Nähmaschine an drei Seiten knappkantig aufsteppen.

Äpfel

Reinleinen-Stickband 7273/12 weiß-gelb

Bandzuschnitt/Fertiggröße:
je nach Verwendungszweck
Motivgröße: ca. 8,2 x 8,2 cm

Baumwollgarn, 1-fädig

1 KÄSTCHEN =
2 x 2 GEWEBEFÄDEN

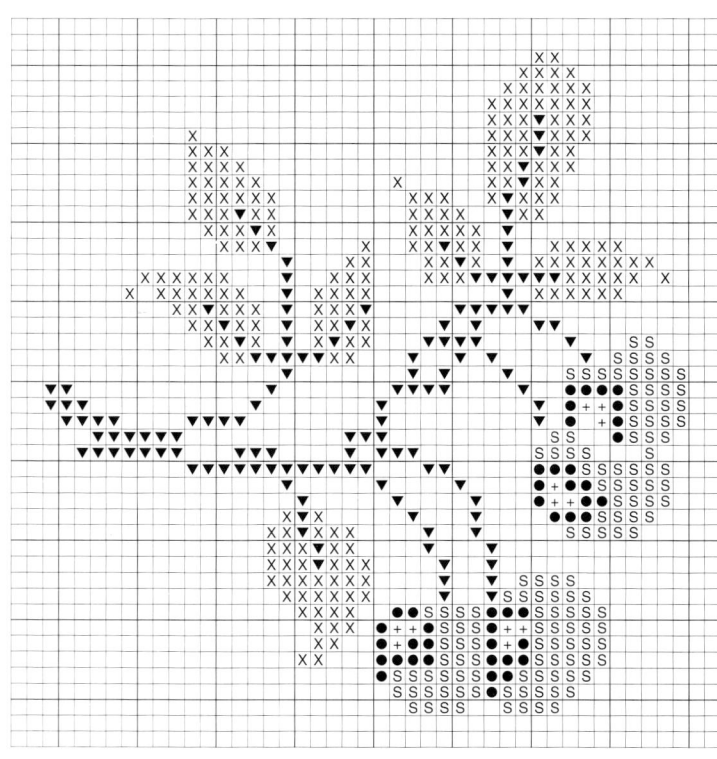

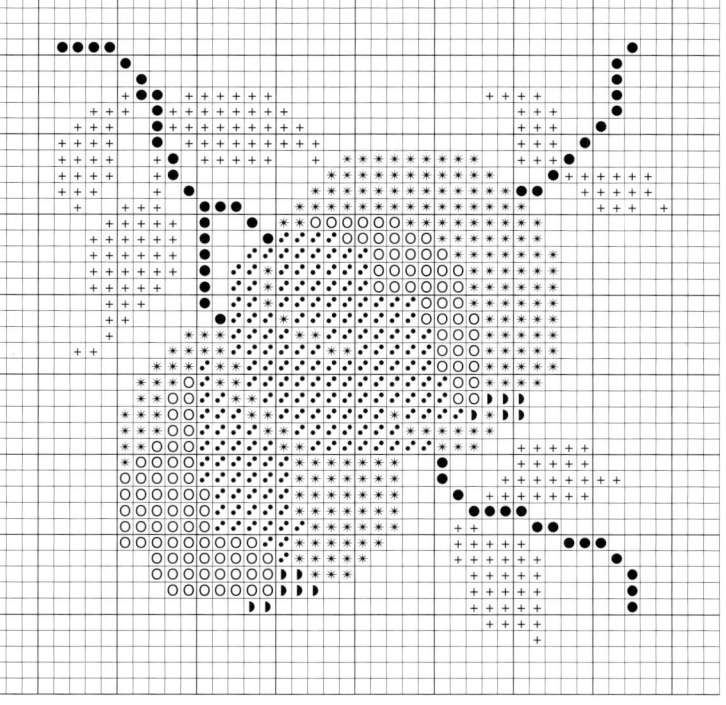

Zählvorlage Kirschen

+ hellrot
S kirschrot
● dunkelrot
X grasgrün
▼ dunkelgrün

Zählvorlage Äpfel

✳ rostorange
O goldgelb
•· hellgelb
● dunkelgrün
+ grasgrün, hell
◗ espresso

WÄSCHESÄCKCHEN

WÄSCHE

AIDA-Kreuzstichband 7107/14 weiß-rosa

Bandzuschnitt: 45 cm
Fertiggröße: ca. 30 x 50 cm
Motivgröße: ca. 11,5 x 2,5 cm

BAUMWOLLGARN, 1-fädig

STICKGARNFARBEN
zyklam
lachsrosé

WEITERES MATERIAL
Ca. 35 x 115 cm kleingeblümter Patchworkstoff in Altrosé von smyrnafix, 150 bis 200 cm weißes, 7 mm breites Ripsband, weißes und altroséfarbenes Nähgarn

AUSARBEITUNG
Den Baumwollstoff 32 x 115 cm fadengerade zuschneiden und zur Hälfte falten (Stoffbruch = Säckchenboden). Das bestickte Band gemäß der Abbildung aufsetzen. Die Seitennähte schließen (ca. 1 cm für die Nahtzugabe berücksichtigen) und dabei das Band gleich in die Seiten mit einnähen. In 44 cm Höhe für den Banddurchzug 1 cm offen lassen. Die Nahtzugaben versäubern. Den oberen Rand 1 cm einschlagen und ebenfalls versäubern. Den Stoff ca. 6 cm nach innen umschlagen und absteppen. Im Abstand von 1 cm nochmals steppen und das Ripsband durchziehen.

SOCKEN

AIDA-Kreuzstichband 7107/16 weiß-hellgrün

Bandzuschnitt: 25 cm
Fertiggröße: ca. 22 x 33 cm
Motivgröße: ca. 9,5 x 3,4 cm

BAUMWOLLGARN, 1-fädig

STICKGARNFARBEN
blaugrün, dunkel
lavendelblau, dunkel
türkisblau

WEITERES MATERIAL
Ca. 25 x 115 cm kleingeblümter Patchworkstoff in hellem Blaugrün von smyrnafix, 120 bis 150 cm weißes, 7 mm breites Ripsband, weißes und blaugrünes Nähgarn

AUSARBEITUNG
Den Baumwollstoff 23 x 77 cm fadengerade zuschneiden und zur Hälfte falten (Stoffbruch = Säckchenboden). Das bestickte Band gemäß der Abbildung aufsetzen. Die Seitennähte schließen (ca. 0,5 cm für die Nahtzugabe berücksichtigen) und dabei das Band gleich in die Seiten mit einnähen. In 28,5 cm Höhe für den Banddurchzug 1 cm offen lassen. Die Nahtzugaben versäubern. Den oberen Rand 0,5 cm einschlagen und ebenfalls versäubern. Den Stoff ca. 4,5 cm nach innen umschlagen und absteppen. Im Abstand von 1 cm nochmals steppen und das Ripsband durchziehen.

Zählvorlagen Alphabet auf Seite 60 und 61

Zwischen den Buchstaben zwei Kästchen frei lassen.

Handtücher

Krebse

AIDA-Kreuzstichband 7107/1 weiß

Bandzuschnitt: 55 cm
Motivgrößen: ca. 5 x 2,4 cm
ca. 5,4 x 2,2 cm

Baumwollgarn, 1-fädig

Weiteres Material
Lachsfarbenes Frotteehandtuch, 50 x 100 cm, mit eingewebter Jacquardborte, weißes Nähgarn

Drei Fische

AIDA-Kreuzstichband 7107/1 weiß

Bandzuschnitt: 35 cm
Motivgröße: ca. 8 x 2,6 cm

Baumwollgarn, 1-fädig

Weiteres Material
Resedafarbenes Frottee-Gästetuch, 30 x 50 cm, mit eingewebter Jacquardborte, weißes Nähgarn

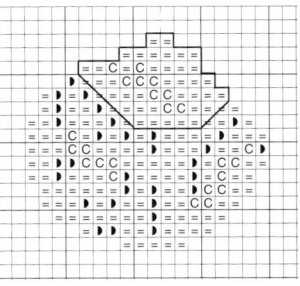

= ecru
C rosenholz
❯ nougat
Kontur: nougat

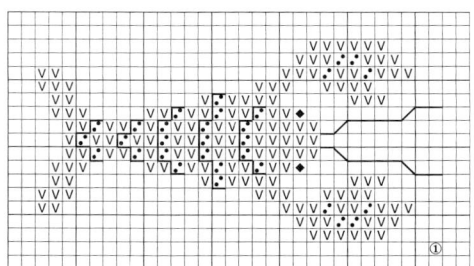

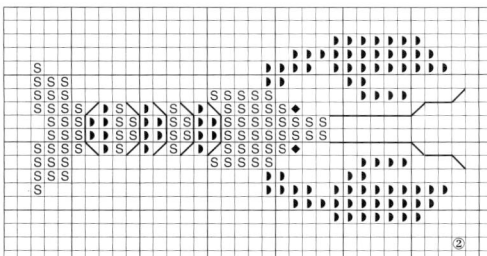

Krebs 1:
Rückstiche im Panzer: schwarz
Fühler: rostrot, mittel
Krebs 2:
Rückstiche im Panzer: schwarz
Fühler: rostrot, hell

Beide Krebse:
V lachs
•' rostrot, mittel
◆ schwarz
S rostrot, hell
❯ lachsrot

+ gletscherblau
O seegrün
❯ jadegrün, hell
C minzgrün
▲ kornblumenblau
= türkisblau
◆ schwarz

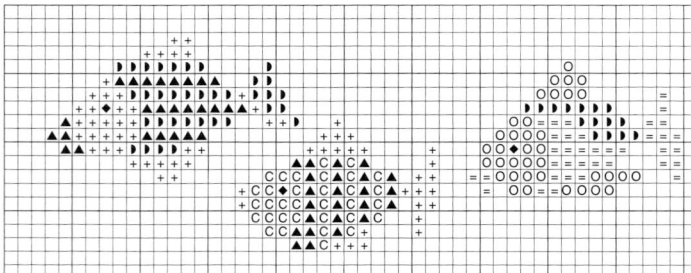

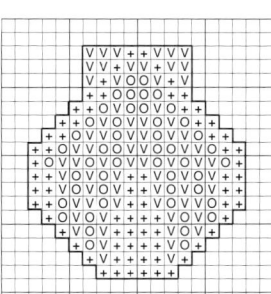

V beigegrau
+ puder
O graugrün, dunkel
Kontur: taupe

ROLLO

MUSCHELN
AIDA-Kreuzstichband 7107/5 bleu

Bandzuschnitt: 55 cm
Größe des Rollos: 50 x 108 cm
Motivgrößen: ca. 2,8 x 2,8 cm
                ca. 3,1 x 2,7 cm

BAUMWOLLGARN, 1-fädig

WEITERES MATERIAL
Ca. 85 x 110 cm weißer Waffel-Piqué
METRO Art. 3955, weißes und hell-
blaues Nähgarn

AUSARBEITUNG
Den Waffel-Piqué 52 x 110 cm fadengerade zuschneiden und zur Hälfte
falten (Stoffbruch = unten). Der Stoff
wird 20 bis 30 cm länger als die Fen-
sterhöhe berechnet, damit er beim
Herunterziehen einmal um die Auf-
hängevorrichtung gewickelt bleibt.
Das bestickte Band auf die Stoffvor-
derseite aufnähen; die Schmalkanten
werden in die verstürzten Seitennähte
mit eingenäht. Die Stoffteile rechts
auf rechts legen und die Nähte
schließen. An der Schmalseite ca. 10
bis 15 cm offen lassen. Die Nahtzugabe versäubern. Das Rollo wenden
und die Öffnung von Hand schließen.
In der Mitte des Stoffbruchs eine
Schlaufe oder einen Zugring anbrin-
gen.

Geschenkideen

VIOLETTE SCHLEIFEN
AIDA-Kreuzstichband 7008/154 weiß-flieder

Bandzuschnitt: 20 cm
Motivgröße: ca. 14,2 x 6 cm

STICKTWIST, 2-fädig

WEITERES MATERIAL
Ovale Spanschachtel: 26 cm lang, 16 cm breit, 8 cm hoch, dunkelkönigsblaues Japanpapier zum Überziehen, Buchbinderleim, Textilkleber

LAVENDELBLAUE SCHLEIFE
Reinleinen-Stickband 7283/3 ecru

Bandzuschnitt: 25 cm
Motivgröße: ca. 13 x 3,2 cm

STICKTWIST, 2-fädig

1 KÄSTCHEN =
2 x 2 GEWEBEFÄDEN

WEITERES MATERIAL
25 cm dunkelviolettes, schmales Satinband, dunkelviolettes Nähgarn, rechteckiger fester Karton: 18,5 cm lang, 11,5 cm breit, 5,5 cm hoch, dunkelkönigsblaues Japanpapier zum Überziehen, Buchbinderleim, Textilkleber

= rotviolett, hell
❯ rotviolett, dunkel
S veilchen

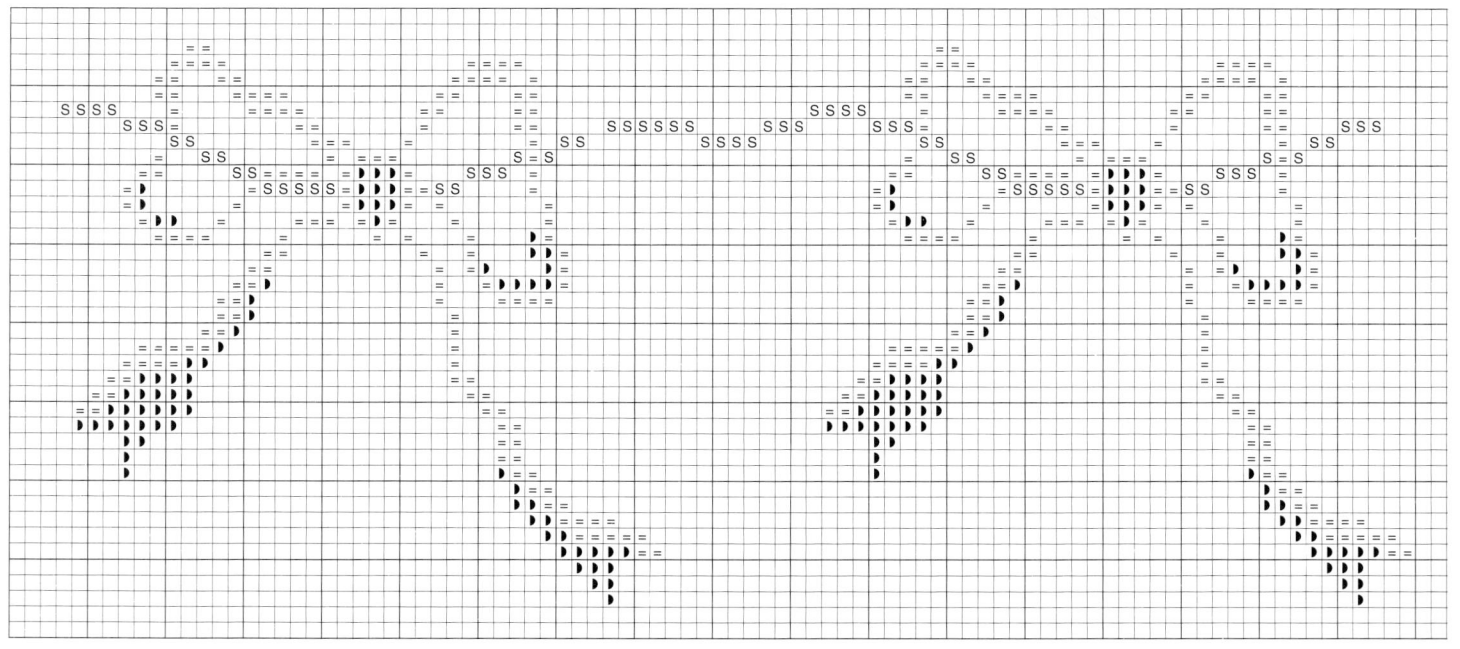

LACHSFARBENE SCHLEIFEN

Reinleinen-Stickband 7271/3 creme

Bandzuschnitt: 50 cm
Motivgröße: ca. 12.5 x 3.2 cm je Schleife

STICKTWIST, 2-fädig

1 KÄSTCHEN =
3 x 3 GEWEBEFÄDEN

WEITERES MATERIAL

Runde Spanschachtel: 15 cm Durchmesser, 5 cm hoch, dunkellachsfarbenes Japanpapier zum Überziehen, Buchbinderleim, Textilkleber

X lavendelblau
▲ lavendelblau, dunkel
= rotviolett, hell

+ lachsrosa
V lachs
• lachsrot

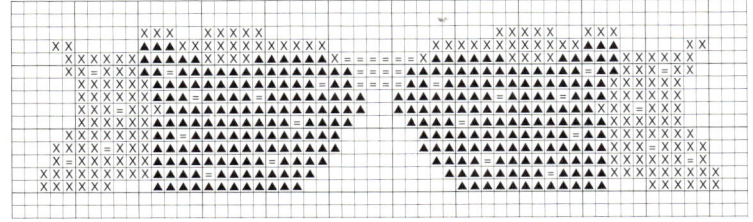

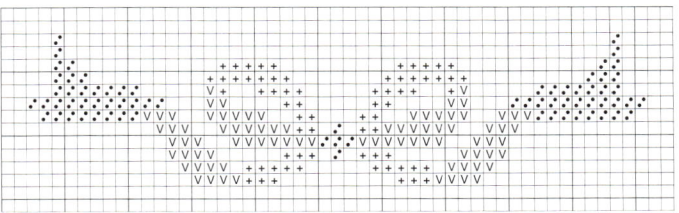

43

BABY-WÄRMFLASCHE
Reinleinen-Stickband 7272/11 weiß

Bandzuschnitt: 55 cm
Fertiggröße der
Bettflaschenhülle: 17 x 25 cm
Motivgröße: ca. 5,5 x 13 cm

BAUMWOLLGARN, 1-fädig

1 KÄSTCHEN =
2 x 2 GEWEBEFÄDEN

WEITERES MATERIAL
20 cm hellblauer Nickistoff, 20 cm
rotes Band, 20 cm Gummiband, 0,5
cm breit, hellblaues Nähgarn, Gum-
mibettflasche für Babys

AUSARBEITUNG
Den Stoff gemäß Skizze auf Seite 59
zweimal zuschneiden. Die Stoffteile
rechts auf rechts legen und an drei
Seiten 1/2 cm breit absteppen, dabei
die Ecken abrunden. Alle Stoffkanten

mit Zickzackstich versäubern. Den
oberen „Schlauch" zur Hälfte nach
innen umlegen und am Beginn des
„Flaschenhalses" feststeppen, dabei
eine kleine Öffnung lassen. Knapp
1 cm oberhalb der Naht nochmals
ringsum steppen. Das Gummiband
einziehen und die Weite zum Ein-
stecken des Fläschchens regulieren.
Das bestickte Band gemäß der Abbildung längs um die Hülle von Hand
aufnähen und wegen der Falten-
bildung am Gummizug mit einer
Quernaht versehen. Über diese Naht
ein rotes Bändchen drapieren.

◆ schwarz
● anthrazit
•● silbergrau
○ hellblau
X rot
+ graubeige
Kontur: schwarz

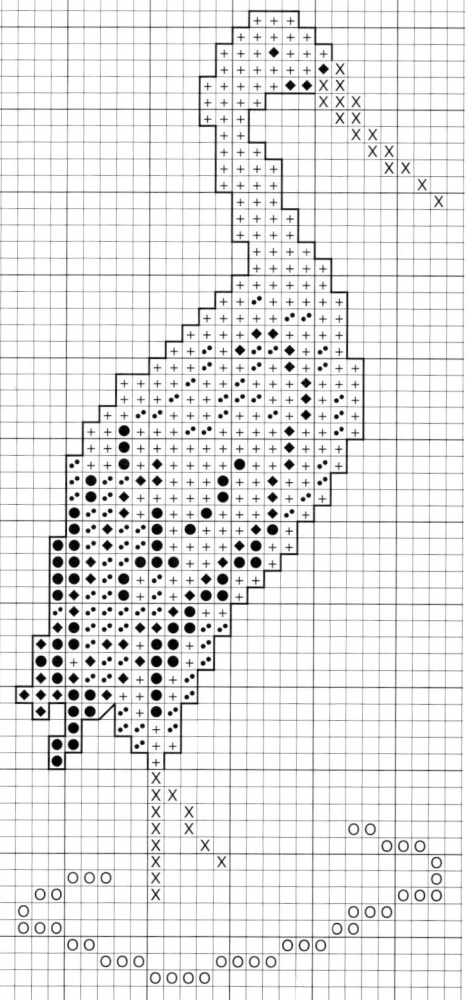

LESEZEICHEN

AIDA-Kreuzstichband 7107/2 gelb

Bandzuschnitt: 25 cm
Fertiggröße: 19 x 5 cm
Motivgröße: ca. 3,5 x 6,2 cm

BAUMWOLLGARN, 1-fädig

WEITERES MATERIAL

Ein Faden gelbes Vierfachstickgarn, gelbes Nähgarn

AUSARBEITUNG

Ca. 4 cm von der Schmalkante entfernt das Blütenmotiv sticken. An dieser Kante eine Spitze arbeiten (siehe Seite 7), an der anderen Schmalkante einen ca. 1,5 cm breiten doppelten Saum legen und mit Hohlnahtstichen festhalten (siehe Seite 8).

• maisgelb
V lavendelblau, mittel
S olivgrün

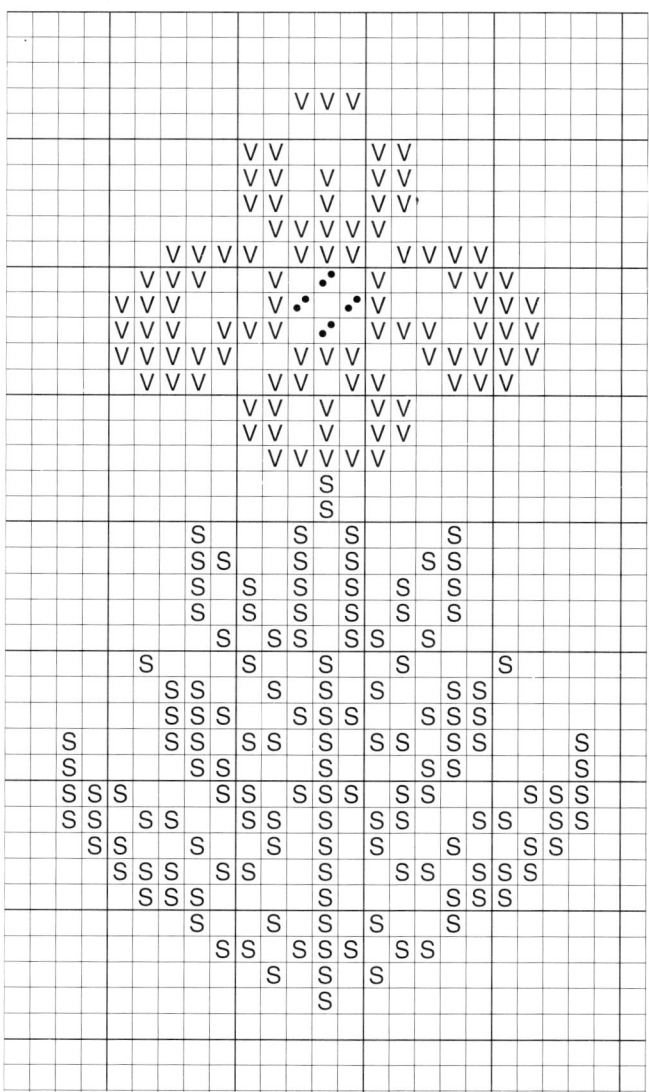

NADELKISSEN
AIDA-Kreuzstichband 7195/3 creme

Bandzuschnitt: 30 cm
Fertiggröße: ca. 14 x 10 cm
Motivgröße: ca. 6,5 x 6,3 cm

BAUMWOLLGARN, 1-fädig

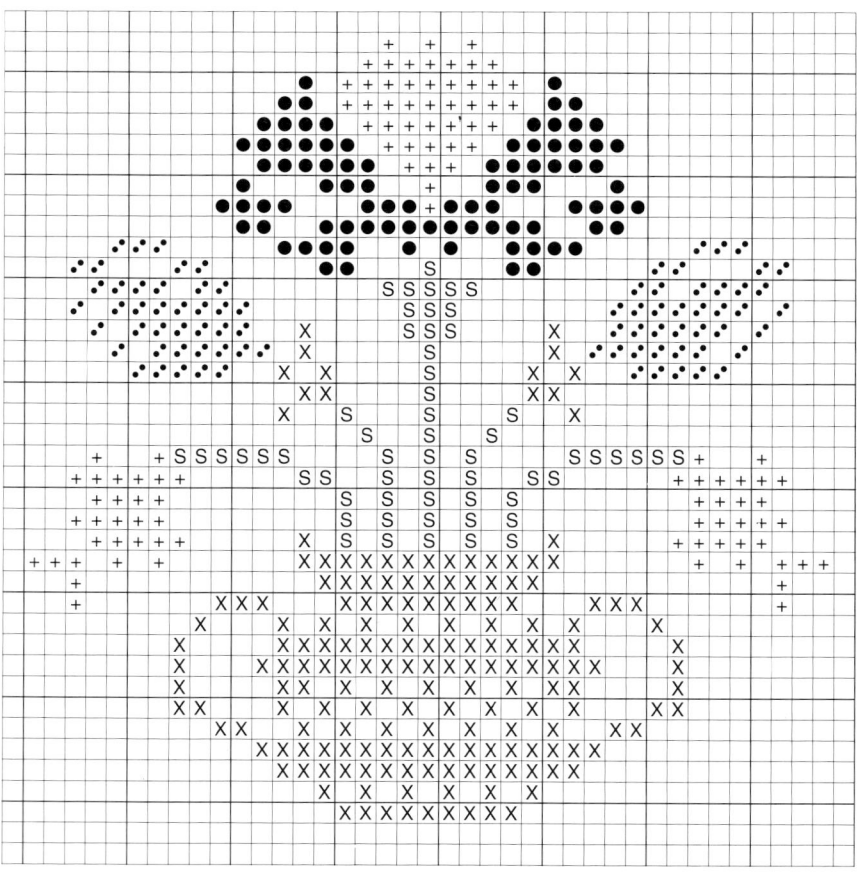

WEITERES MATERIAL
Für die Füllung ein Rest Watte aus Polyester, hellbeiges Nähgarn

AUSARBEITUNG
Das Stickmotiv in die Mitte des Bandzuschnittes plazieren. Die Schmalkanten ca. 1 cm nach hinten umschlagen. Das Band nach beiden Seiten gleichmäßig nach hinten umlegen, so daß die Kanten in der hinteren Mitte aufeinanderstoßen. Entlang der Bogenränder knappkantig steppen. Die Füllwatte einstopfen und die Öffnung mit kleinen Stichen zunähen.

+ patinablau, hell
● patinablau, dunkel
• rostrot, hell
S olivgrün
X kaffeebraun

ROTER OLDTIMER
Reinleinen-Stickband 7272/11 weiß

Bandzuschnitt/Fertiggröße:
je nach Verwendungszweck
Motivgröße: ca. 11,4 x 3,8 cm

BAUMWOLLGARN, 1-fädig

1 KÄSTCHEN =
2 x 2 GEWEBEFÄDEN

GELBER OLDTIMER
Reinleinen-Stickband 7273/11 weiß

Bandzuschnitt/Fertiggröße:
je nach Verwendungszweck
Motivgröße: ca. 10,2 x 6 cm

BAUMWOLLGARN, 1-fädig

1 KÄSTCHEN =
2 x 2 GEWEBEFÄDEN

X kirschrot
● dunkelrot
S silbergrau
▲ anthrazit
– graubeige
Holbeinstiche Radspei-
chen, Türrahmen, Wind-
schutzscheibe, Autositze:
silbergrau
Rückstiche unterhalb der
Tür: anthrazit

O goldgelb, hell
▼ petrol, dunkel
petrol, mittel
S türkisblau
•● rostrot, mittel
X taupe
◆ schwarz
V goldgelb
Alle Holbeinstiche:
schwarz
Rückstichreihe zwischen
den Rädern: türkisblau
Lichtkontur: goldgelb

Bild „Geometrische Muster"

Grundsätzlich gilt:
Bandzuschnitt: 35 cm
Fertiggröße: ca. 28 cm

Baumwollgarn, 1-fädig

Band 1 von oben nach unten
AIDA-Kreuzstichband 7107/1 weiß
Mustersatz: ca. 7,5 x 2,8 cm

Band 2
AIDA-Kreuzstichband 7002/1 weiß
Mustersatz: ca. 1,5 x 1,2 cm

Band 3
AIDA-Kreuzstichband 7107/1 weiß
Mustersatz: ca. 2,4 x 2,8 cm

Band 4
AIDA-Kreuzstichband 7002/7 schwarz
Mustersatz: ca. 0,7 x 0,8 cm

Band 5
AIDA-Kreuzstichband 7107/9 weihnachts-
rot
Mustersatz: ca. 2,7 x 2,4 cm

Band 6
AIDA-Kreuzstichband 7107/7 schwarz
Mustersatz: ca. 2,1 x 3,7 cm

Weiteres Material
Silberfarbener Alu-Rahmen, 28 x 35
cm, mit 1 cm breitem Profil, blaugrünes Japanpapier, Textilkleber oder
doppelseitiges Klebeband

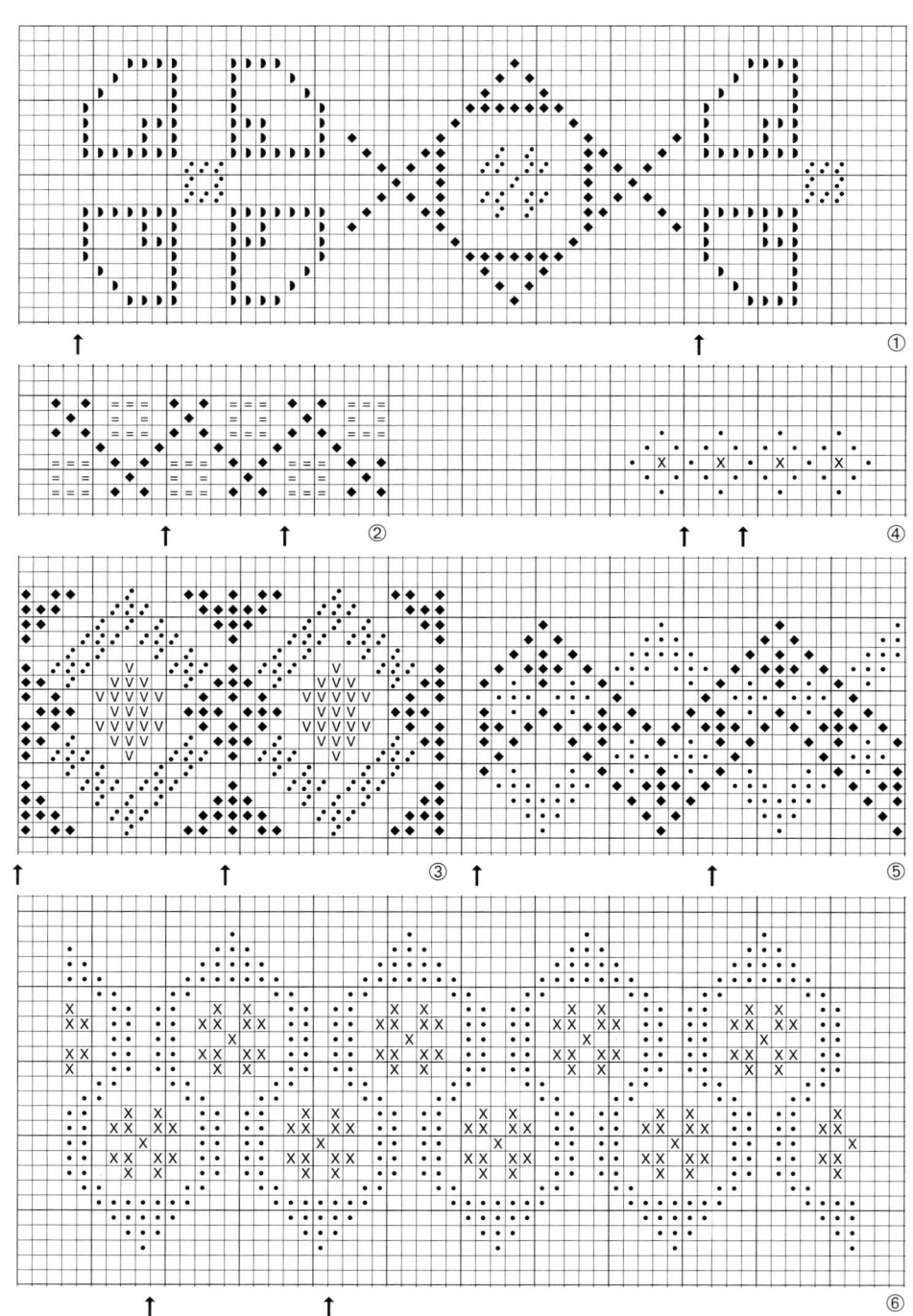

Zählvorlage 1
•• kirschrot
◗ schiefer
◆ schwarz

Zählvorlage 2
= taupe
◆ schwarz

Zählvorlage 3
V steingrau
•• kirschrot
◆ schwarz

Zählvorlage 4
• weiß
X rot

Zählvorlage 5
• weiß
◆ schwarz

Zählvorlage 6
• weiß
X rot

OSTERKÖRBCHEN MIT SCHLEIFE

AIDA-Kreuzstichband 7107/2 gelb

Bandzuschnitt/Fertiggröße: 140 cm
Motivgrößen:
Hase: ca. 3,1 x 4 cm
Ei: ca. 1,8 x 2,4 cm
Schrift: ca. 8,7 x 2,6 cm
ca. 10,5 x 2,6 cm

BAUMWOLLGARN, 1-fädig

WEITERES MATERIAL
Gelbes Nähgarn, dünner Blumendraht

AUSARBEITUNG
Ca. 10 cm von den Schmalkanten entfernt auf eine Seite den Hasen, auf die
andere das Ei sticken. Oberhalb eines
jeden Motives 25 Stiche frei lassen,
dann die Schrift gemäß Zählvorlage
sticken. Das Band links auf links zur
Hälfte falten und in ca. 45 cm Höhe
quer absteppen. Die so entstandene
Schlinge flach legen. An der Nahtstelle
die aufeinanderliegenden Bandteile zu-
sammendrücken und mit Blumendraht fest umwickeln. Die entstandene
Schleife drapieren. Die Drahtenden
können nun in einer Blumenschale
oder einem Kranz festgesteckt werden.

V honig
\# rehbraun
● kaffeebraun, dunkel
◆ schwarz
▲ lavendelblau, dunkel
S orange
X mintgrün

BAND
AIDA-Kreuzstichband 7002/2 gelb

Bandzuschnitt/Fertiggröße:
je nach Verwendungszweck
Motivgrößen:
Blume: ca. 2,9 x 1,2 cm
Osternest: ca. 1,9 x 1,3 cm

BAUMWOLLGARN, 1-fädig

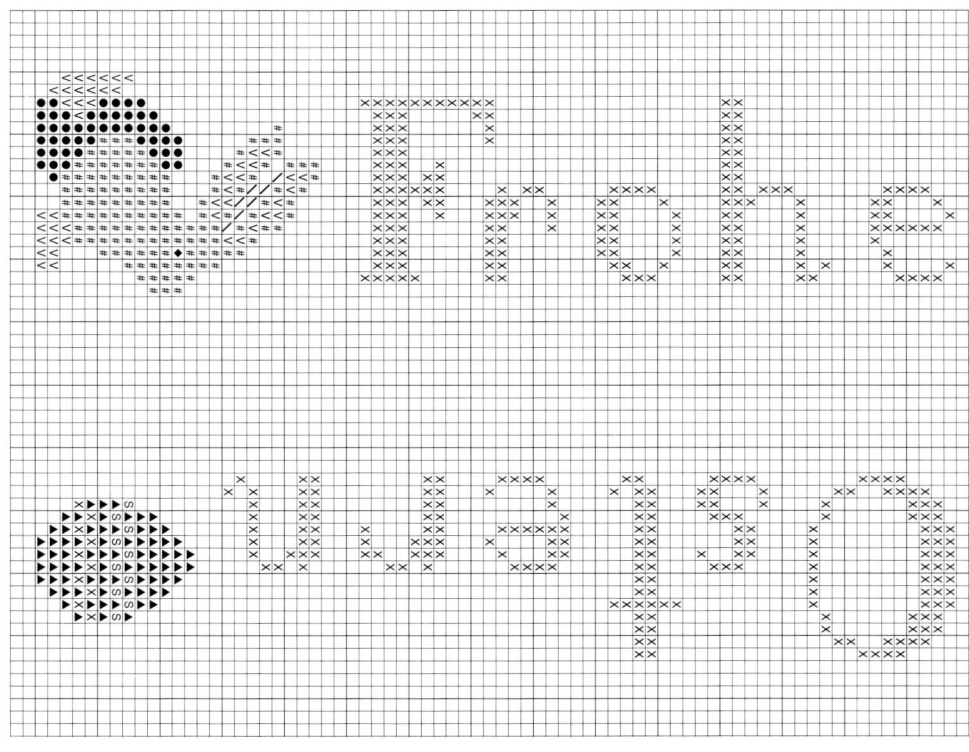

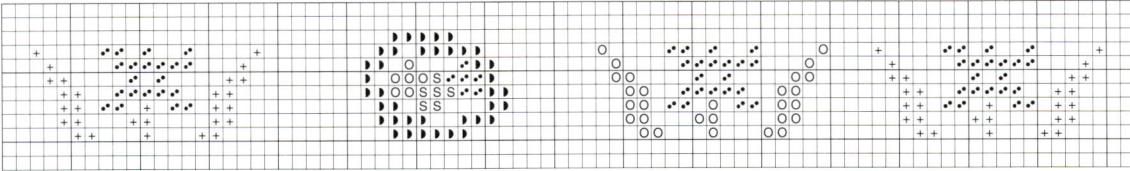

+ seegrün
O phosphorgrün
•• vergißmeinnicht
S orange
◗ braunbeige, dunkel

ADVENTSKALENDER
AIDA-Kreuzstichband 7107/9
weihnachtsrot

Bandzuschnitt: 4 x 40 cm
Fertiggröße des Kalenders: 36 x 60 cm

BAUMWOLLGARN, 1-fädig

WEITERES MATERIAL
Einfädiges Goldgarn für die Zahlen, goldfarbene Zierlitze für die Schrift, Sticknadel Nr. 20 ohne Spitze, ca. 40 x 140 cm weihnachtsgrüner Zählstoff DAVOSA Art. 3770, grünes und rotes Nähgarn

KERZE
Motivgröße: ca. 3 x 4 cm

AUSARBEITUNG
Die Bandzuschnitte in gleichmäßig große Felder einteilen und die Motive und Zahlen gemäß der Abbildung jeweils in die Feldmitte sticken. Die Zahlen mit einfädigem Goldgarn arbeiten. Den Zählstoff 39 x 123 cm fadengerade zuschneiden und die Kanten versäubern. Den Stoff zur Hälfte falten (Stoffbruch = oben) und auf die vordere Stoffplatte ca. 7 cm unterhalb des Stoffbruchs die Schrift in die Mitte sticken (Zierlitze mit Nadel Nr. 20). Zwischen „Frohes" und „Fest" ca. 2 cm Abstand lassen. Nun auf die Vorderseite 3,5 cm von der unteren Kante entfernt das vierte Band heften. Die anderen Bänder jeweils mit 5 cm Abstand aufheften. Die Felder einzeln feststeppen; die Schmalkanten werden jeweils in die verstürzte Naht mit eingenäht. Die Stoffteile rechts auf rechts legen und die Nähte schließen (Nahtzugabe ca. 1,5 cm). An der Schmalseite 10 bis 15 cm, an den Seitennähten oben ca. 2 cm zum Durchziehen eines Stabes offen lassen. Den Kalender wenden und die untere Öffnung mit kleinen unsichtbaren Stichen von Hand schließen. 2 cm vom Stoffbruch entfernt nochmals steppen.

= lavendelblau, hell
C lavendelblau
✳ dunkelrot
Docht: schwarz

Ilex-Blattkonturen:
moosgrün
Kerzenflamme:
Goldfaden

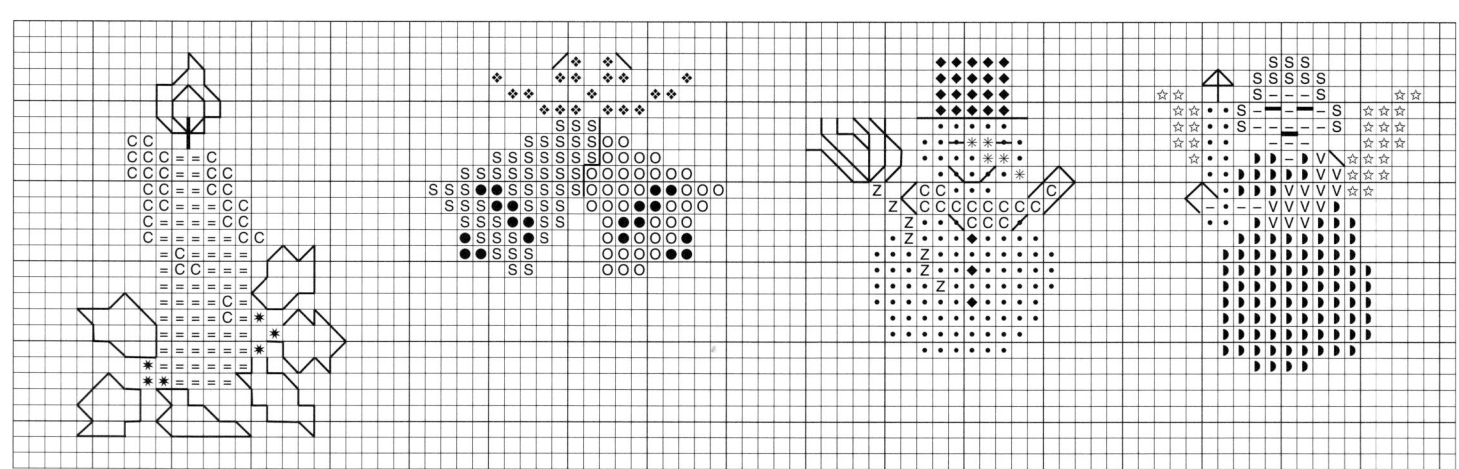

GLOCKEN
Motivgröße: ca. 3,2 x 2,3 cm

S curry
O goldgelb
● dunkelbraun
❖ kobaltblau
Trennlinie zwischen den
Glocken: dunkelbraun

SCHNEEMANN
Motivgröße: ca. 2,8 x 3 cm

• weiß
Z cognac
C lavendelblau
◆ schwarz
✳ aprikot
Besen: cognac
Augen: schwarz
Mund: rot

ENGEL
Motivgröße: ca. 2,8 x 3,2 cm

• weiß
– puder
S curry
V hellblau
◗ azurblau
☆ Goldfaden
Augen und Kerzendocht:
schwarz; Mund: rot
Flamme: Goldfaden

Weitere Zählvorlagen
auf Seite 58

LEBKUCHENHERZ
Motivgröße: ca. 2,6 x 2,2 cm

✳ haselnuß
| sahara

STIEFEL
Motivgröße: ca. 2,6 x 2,8 cm

• weiß
gelbgrün
▲ jadegrün, hell

MOND UND STERN
Motivgröße: ca. 3,4 x 3,4 cm

X sonnengelb

CHRISTBAUMKUGEL
Motivgröße: ca. 2,1 x 2,8 cm

✜ rötlich blau
•́ lavendelblau, dunkel
+ pastellrosé
Schleifenkonturen: pastellrosé

SCHAUKELPFERD
Motivgröße: ca. 4,4 x 3 cm

| sahara
▼ kaffeebraun
● dunkelbraun
◇ knospengrün
✜ rötlich blau
◆ schwarz
Steigbügel: kaffeebraun
Maul: schwarz

PÄCKCHEN
Motivgröße: ca. 2,8 x 2,4 cm

+ pastellrosé
▶ azurblau

WEIHNACHTSMANN
Motivgröße: ca. 2,8 x 3,4 cm

• weiß
– puder
▼ kaffeebraun
◆ schwarz
✳ dunkelrot
Augen, Schnurrbart- und
Ärmelkonturen: schwarz

TANNENBAUM
Motivgröße: ca. 3,2 x 3,6 cm

+ pastellrosé
C lavendelblau
✦ flaschengrün
● dunkelbraun

**Zählvorlagen Alphabet und Zahlen auf
Seite 60 und 61**

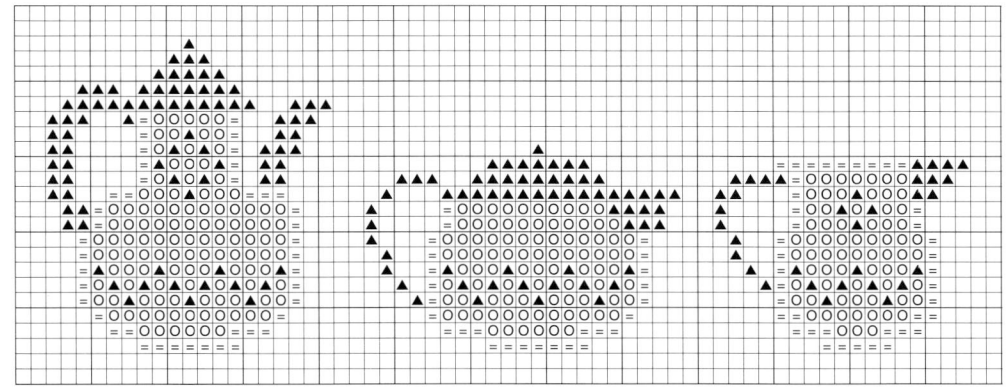

Zählvorlage zu Seite 30 und 31
Gardinenband

▲ aubergine, dunkel
O aubergine, hell
= kamelie

Skizze zu Seite 26 bis 29

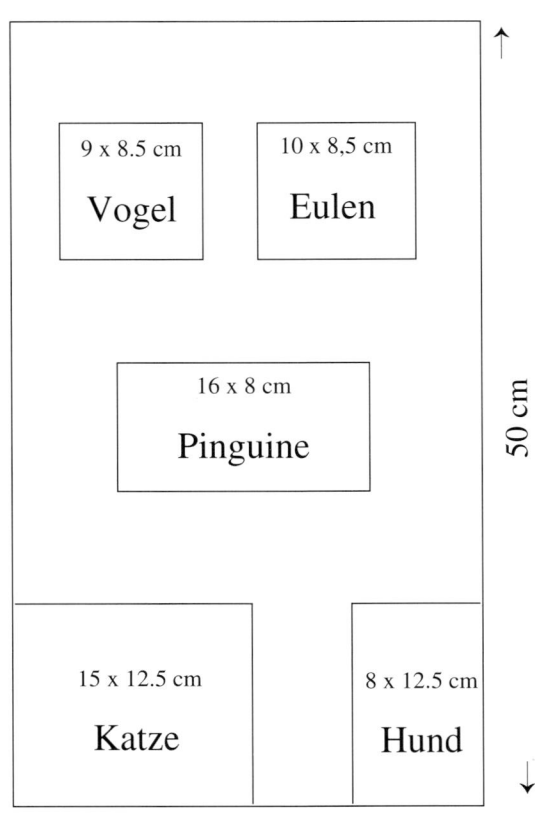

9 x 8.5 cm **Vogel**	10 x 8,5 cm **Eulen**

16 x 8 cm
Pinguine

50 cm

15 x 12.5 cm
Katze

8 x 12.5 cm
Hund

← 30 cm →

Skizze zu Seite 44 und 45

14 cm

3 cm

18 cm

← 18 cm →

Zählvorlagen zu Seite 12, 13, 24, 25, 38, 39 und 56 bis 59

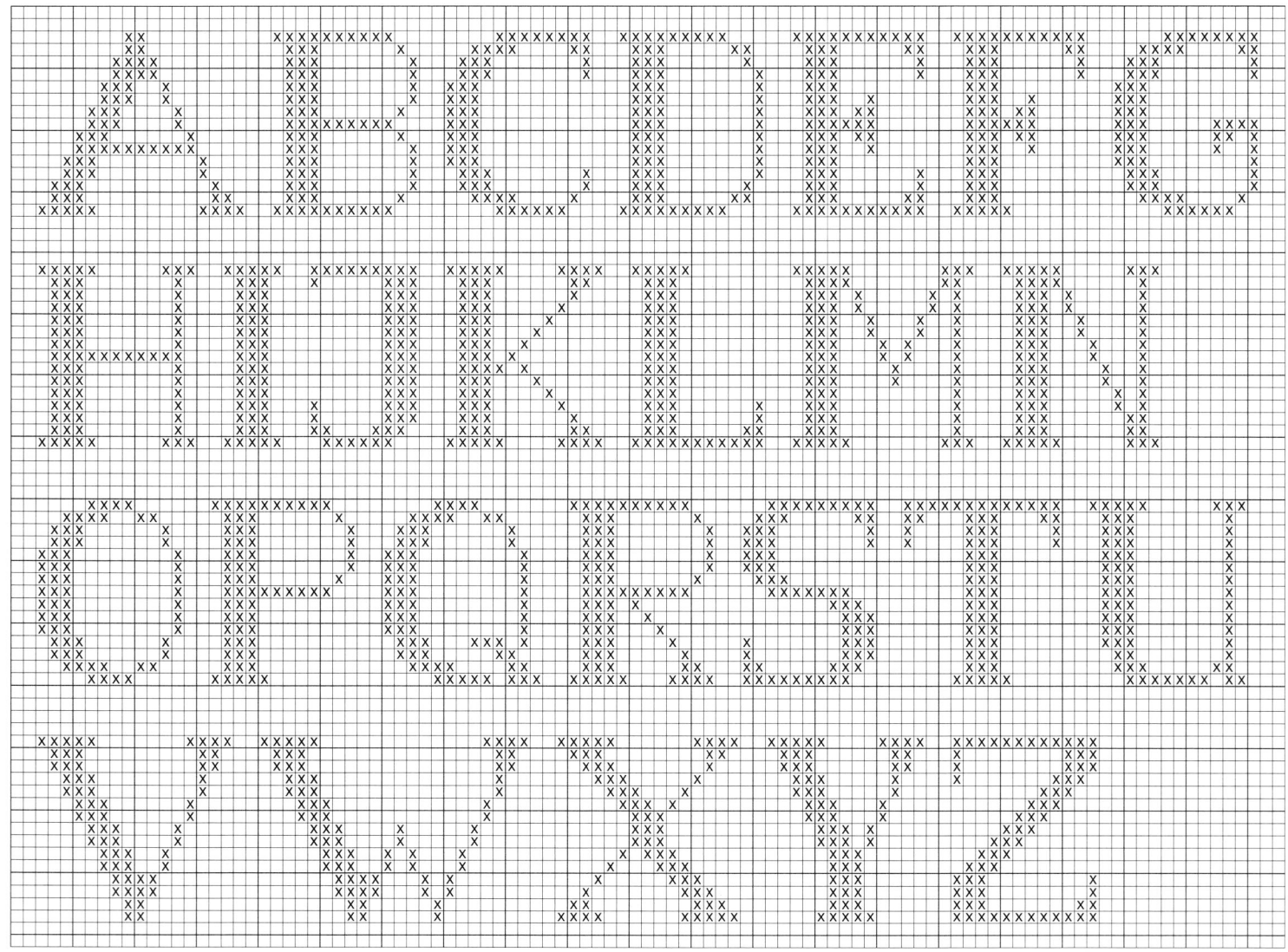

Das ABC der Qualität

... wie ZWEIGART.
Weil für Sie das Beste gerade gut genug ist.

ZWEIGART:

Der beste Grund für Ihre Handarbeit.

Zweigart & Sawitzki, Postfach 120, D-71043 Sindelfingen

DAS HARDANGER-BUCH
Klassische Muster

DAS KREUZSTICH-BUCH 1
100 beliebte Motive zum Sticken

DAS KREUZSTICH-BUCH 2
100 beliebte Stickideen

»FREIZEIT KREATIV«
BÜCHER VON CHRISTOPHORUS

HEIDRUN HEINRICH
BÄNDER & BORDÜREN
in Kreuzstich

SIEGRUN BOSS-KULBE
ZUR WEIHNACHTSZEIT
Die schönsten Kreuzstichmotive

SIEGRUN BOSS-KULBE
BLUMEN UND BLÜTEN
Zauberhafte Kreuzstichmotive

Bezugsquellennachweis

Garne: Coats MEZ GmbH, Kaiserstr. 1, 79341 Kenzingen
DMC: BTW, Stader Landstr. 41-43, 28719 Bremen 77
Korb, Titelbild: Schwarzwaldladen, 77756 Hausach
Seite 17: Maka-Leuchten, Postfach 1111, 71691 Freiberg a. N.
Seite 17, 39: smyrnafix Georgii OHG, Fronäckerstr. 50, 71063 Sindelfingen
Seite 23: Betten Duscher GmbH, 93426 Roding
Seite 29: Klettermax Holzspielzeug, Nußmannstr. 14, 79098 Freiburg
Seite 31: WMF Württembergische Metallwarenfabrik AG, 73312 Geislingen
Seite 31, 37: Glas Vogl, Thomasstr. 3-5, 77955 Ettenheim
Schürze, Seite 37: Andy-Kollektion von Brunotte GmbH Stoffdruckerei, Dwostr. 48/49, 27753 Delmenhorst
Seifen, Seite 41: La Provence, Schusterstr. 15, 79098 Freiburg
Seite 55: Gärtnerei Jäger, Kirchplatz 4, 77955 Ettenheim

Die Deutsche Bibliothek –
CIP-Einheitsaufnahme

Bänder & Bordüren in Kreuzstich /
Heidrun Heinrich. –
Freiburg im Breisgau:
Christophorus-Verl., 1993
(Edition Zweigart)
ISBN 3-419-53191-5
NE: Bänder und Bordüren
in Kreuzstich

© 1993 Christophorus-Verlag
GmbH, Freiburg im Breisgau
Alle Rechte vorbehalten -
Printed in Germany

Umschlaggestaltung und Layout:
Network!, München
Styling und Fotos:
Peter Nielsen, Umkirch

Stickgrafiken:
Carsten Vogt
Zeichnung Seite 8: Andreas Weber

Reproduktionen:
Scan-Studio Hofmann, Gundelfingen
Satz: Erger & Wernet, Breisach
Herstellung: Konkordia Druck
GmbH, Bühl 1993